ホリスティック教育ライブラリー⑥

持続可能な教育社会をつくる

Environment
Development
Spirituality

環境・開発・スピリチュアリティ

日本ホリスティック教育協会
吉田敦彦・永田佳之・菊地栄治 編

せせらぎ出版

序

持続可能な教育社会へのホリスティック・アプローチ

日本ホリスティック教育協会代表　吉田　敦彦

ゆとりのない社会は続かない

私たちは、忙しすぎる。学校のなかも、忙しすぎる。いつも時間に追われている。頑張れば頑張るほど、ゆとりを失っていく。悪循環に巻き込まれていく。

豊かさを求めて、働く。豊かになればなるほど、忙しくなる。得るものの裏面で、失うものも、傷つけるものも、ますます深刻になる。これほど働きながら、それのもたらす「開発」や「発展」が、地球の環境へのダメージを拡大し、貧富の格差や不公平を拡大し、子どもの「発達」のゆがみを生み、そうして持続不可能な世界を作り出している。ディレンマは深い。

思えば、忙しくしていても、疲れないときもある。むしろ充実しているときもある。時間に追われているのではなく、時間のなかにしっかり落ち着いて、それでいて次々となすべき仕事ができて、それがむしろいろいろなつながりを豊かに広げ、深めていって、自分も元気になってくるような、そのような時間を生きられるときがある。逆に、たっぷり時間があっても、どこか落ち着かず、なにか時間の背後に取り残されていくような、焦りに似た気持ちを抱えてしまうこともある。

「癒し（ヒーリング）」が求められるのは、日々の生活そのものが、癒されるものではないからだろう。時間に追われ、ふと立ち止まると、疲れきっている。頭も心も身体もバラバラ。季節のめぐりとも、月の満ち欠けとも、遠く隔たった生活。目の前の子どもと、時間を忘れて心ゆくまで交わったのは、いつのことだっただろう。

環境の問題も、開発の問題も、こころ（スピリチュアリティ）の問題も、私たちが日々、どのような暮らし方をするか、ということにかかわっている。何をつくり、何を食べ、どのように人とかかわり、何を喜びとし、そして何をあきらめて、今日という日の一日の時間を生きていくか、そのあり方にかかわっている。

先を急ぎすぎて、いろいろなつながりがバラバラになり、全体を見失ってバランスを失った生活。すこしでも暮らしそのものを「ホリスティック」にしていくために、何からはじめることができるだろう。一足飛びに、どこかの理想郷に逃げ込むのではなく、このディレンマを引き受けながら、少しだけでも歩む方向を、身体の向きを、入れ替えていくことはできないものか。

環境、開発、そしてスピリチュアリティ

現在のこの国で、ごく普通に生活しているだけで、ますますこの世界は持続不可能なものになっていく。自然環境を痛めつけ、貧困にあえぐ人々をさらに苦境に追い込んでいく。そしてそのツケは、どんどん次の世代に回されている。

その事実を意識から振り払おうとしても、現実がそうであるかぎり、私たちの無意識には澱んだ影がたまっていく。その影と向き合うことを恐れ、つぎつぎと外から与えられる刺激やノルマや快楽を追いかける。思考を停止したまま上滑りしていくそのような生活が、近くて遠い連鎖のはてに、痛めつけられた自然や人々に追い討ちをかけていく。意識の底に封印された行き場を失ったエネルギーは、（いじめから戦争まで）暴力的なテロとして爆発するか、あるいはどうしようもない無力感として心身を蝕んでいく。

「環境問題」と「開発問題」と「こころ《スピリチュアリティ》の問題」の、簡単には抜け出せないこの構造的な悪循環。むしろこの悪循環から身を退いて引きこもってしまう若者のほうが、直感的に正しいのではないか、とさえ思えてくる。次世代に、これほどまでに閉塞的な未来を押しつけつつ、彼女・彼らを元気づけるために何をどのように語っても、それは欺瞞的であるほかないような、この構造。

「環境教育」と「開発教育」と「こころ《スピリチュアリティ》の教育」。どれからはじめるかは、重要ではない。どの課題も、それを追及していけば、他の問題につながっていく。そのつながりを全体として見定めつつ、環境教育と開発教育を一人ひとりの意識の変容にまで深めながら取り組み、かつ社会そのものの構造的な改革に結びつけていくこと。容易ではないこの課題にむけて、しかしその方向性だけでも共有していく足がかりを得たい。

ホリスティック・アプローチ

「いのち」はもともと、ひとつらなりにつながっている。自然と人とのつながり、人と人とのつながり、自己のこころの深みとのつながり、そして、それらの間の全体的なつながり。そのつながりを回復しつつ、自然と社会と人とを深く癒していく「ホリスティック」なアプローチ。「環境」と「開発」と「スピリチュアリティ」という、ともすれば拮抗する三竦《すく》みの課題に、それが相補的に連携しうる包括的な視座と対話の場を用意すること、そこにホリスティック・アプローチの意義がある。それによって、一つひとつは限定された取り組みであるように見えるものが、全体として持続可能なもうひとつの世界を立ち上げていく協働であることに気づくことができる。手を携えて、この三つ巴の問題連関に大人たちが取り組んでいることそのものが、次の世代に未来への希望を与えていく。

そのような対話と協働をとおして持続可能な教育社会をつくりあげていく一助となることを願って、この本は編まれた。「ホリスティック・アプローチ」が、「持続可能な開発のための教育（ＥＳＤ）」の鍵を握ることは、ＥＳＤの国連10年（２００５〜）を提案したヨハネスブルク・サミットでも強調された[1]。そして、その国連10年が始まった２００５年春、国立教育政策研究所と文部科学省は、ホリスティックな世界観への転換を主唱するアーヴィン・ラズロ博士[2]による基調講演のもと、「環境教育」と「開発教育」と「スピリチュアリティの教育」の三分野からパネリストを迎えて、「持続可能な開発と21世紀の教育」をテーマとする国際シンポジウムを開催した[3]。本書の編者三人は、このシンポジウムの企画・実行にかかわり、日本ホリスティック教育協会も協賛した。そして、これを一日だけのイベントに終わらせずに、これを出発点にして日本の現実のなかで格闘する実践と結びつけていきたいと願ったのが、このライブラリーを編集する直接のきっかけとなった。

本書の構成

まず巻頭に、アーヴィン・ラズロ博士の国際シンポジウムでの基調講演を掲載する。「タイムリー・ウィズダム《いまこそ必要な知恵》」というキーワードで持続可能な社会への教育を論じた、ラズロの貴重な教育論である。マクロな文明史的視野から現代の危機＝分岐点の様相を分析し、「ロゴス」にもとづくモダンの支配的な人間観・社会観の延長上には未来がないこと、「ホロス」の時代へのシフトが必要であること、そしてすでにオルタナティブ文化を創造する人々のあいだに見出せるその萌芽を、科学者にして芸術家である彼ならではの説得力をもって語っている。

第Ⅰ部では、この分岐点にあって、少し立ち止まって根本的に、持続可能な社会と教育の可能性を考えてみたい。国際シンポジウムの開催事務局長をつとめた永田は、ラズロの所論のポイントを押さえたうえで、開発教育とスピリチュアルな教育（シュタイナー教育）の両分野からのパネラー提言について、現地学校調査も踏まえた考察を行い、ＥＳＤをその根底で支えるいわば「深さの次元」に迫ろうとする。吉田は、「スローライフ」や「ゆとり（の教育）」といった表現にうかがえるように、生き方の問題として持続可能性を考えるとき鍵となる「時間意識」のあり方を、自らのメキシコでの教員体験をもとに考え直す。あわせて、日本で国連ＥＳＤの10年の活動をリードするＥＳＤ－Ｊの代表理事阿部氏に、ＥＳＤの基本的な解説をしていただいた。

第Ⅱ部では、この日本で実践を積み重ねている現場からのリアルな声に耳を傾ける。私たちの足元をよくみれば、そこに未来への希望を見出せる実践がすでに育っている。なによりかつてこの列島でも営まれていた暮らし方、自然と共生する生活の知恵から学ぶべきものがあること、それを奥畑氏は、東北の山村タイマグラのおばあちゃんの圧倒的な生き様を通して伝えている。つづいて現在の教育界から、子どもの「いのち」につながりつつ、もうひとつの居場所（オルタナティブな学び舎）を行政当局とも力をあわせて創りあげてきた西野氏から、また他方、制約の多い公立総合学科高校のなかで持続可能な教育を模索してきた易氏と檜本氏から、インタヴューによるリアルな声を寄せていただいた。さらに、南の国の貧民街でボランティアをしている日本の若者たちの生き生きとした声が、長年のコーディネーターである小貫氏によって届けられる。貧困と豊かさが交錯するなかで、まさに開発教育と環境教育とスピリチュアリティがひとつにつながって生きられている現場がそこにある。

そして最後に菊地が、現在の教育改革をめぐる社会状況を、経済的政治的側面も分析しつつ読み解き、切実な教師や子どもの現実のただ中から持続可能な教育社会をつくりだしていく視点を、総括的に整理して提案する。なお、本書では各章の合間に、「コラム」などの小さなストーリーを配した。ホリスティック教育協会につながる筆者たちが、それぞれ自分の足元から「タイムリー・ウィズダム」について語ったものである。

本書もまた、大きな状況からみれば、わずかに「一隅を照らす」ものにすぎない。全国各地で取り組まれている他のトーチの灯と合わさって、この世の中に希望の光をもたらす一助になればと願う。

注

（1）たとえばユネスコのパリ本部事務局長は、ヨハネスブルク・サミットの教育セクション会議の冒頭スピーチで、「持続可能な開発のための新しい教育ヴィジョンが強調するのは、ホリスティックで総合的なアプローチである」と述べている。詳しくは、拙稿（２００４）「ユネスコが提唱する〈ホリティック〉概念の意義―とくに〈持続可能な開発のための教育〉に焦点づけて―」『ホリスティックな教育改革の実践と構造に関する総合的研究』（科学研究費報告書、研究代表者菊地栄治）所収。

（２）ラズロによるホリスティックな世界観にもとづくオルタナティブ文化の創造については、今世紀に入ってからも続々刊行されているラズロの邦訳書、『マクロ・シフト』や『叡智の海・宇宙』などを参照。ラズロの出世作『システム哲学入門』の新版テキスト（１９９６）では、副題に「ホリスティック・ヴィジョン」が掲げられた。遡れば、持続不可能な世界へ警鐘を鳴らした「ローマクラブ」が、はじめて文化・宗教・思想にまで立ち入った「第5レポート：人類の目標」を総括編集したのは他ならぬラズロであり、そこで彼は次のように明記している。

「地球的な結束を増進させるための最も強力な潜在力は、代替（オルタナティブ）文化の世界概念のなかに存在している。この概念は、基本的に全体論的（ホリスティック）で、人間、自然の全領域を包含している。この文化の思考は、東洋の諸宗教の全体論とも、生態学や社会科学のより新しい概念のいくつかとも、強い親近性をもっている。実際に、代替文化は、ある伝統的な諸宗教と現代科学における最新の発展との間を接合し新たな総合をなしとげ、そしてこの総合を日々の体験と行動のレベルにまで持ち込めるようになるかもしれないのである。」（『人類の目標：地球社会への道〈ローマクラブ第5レポート〉』ダイヤモンド社、３６２頁）

（３）２００５年3月26日、平成16年度：教育改革国際シンポジウム「持続可能な開発と21世紀の教育」於：一ツ橋記念講堂（学術総合センター内）。このシンポジウムは、国立教育政策研究所の五島政一氏をはじめ、永田（シンポジウム事務局長）、菊地らが企画運営し、吉田はシンポジウムの司会（モデレーター）を務めた。協賛団体は、日本環境教育学会、日本国際理解教育学会、日本科学教育学会、開発教育協会、日本地学教育学会、日本教育工学会、日本ホリスティック教育協会、全国教育研究所連盟。

持続可能な教育社会をつくる
環境・開発・スピリチュアリティ

もくじ

平成16年度教育改革国際シンポジウム ——「持続可能な開発」と21世紀の教育—— 基調講演

「タイムリー・ウィズダム《いまこそ必要な知恵》」を育む

―現代教育の最重要課題―

哲学者、未来学者、ブダペストクラブ創立者・会長
アーヴィン・ラズロ
監訳／永田　佳之

1　現代教育の課題

教育の役割とは、世の中の有益な知識を今の世代から次の世代へと伝えていくことだ、というのが昔ながらの考え方である。これは今も通用する考え方ではあるが、有益な知識とはどのようなものかという定義は変化するものである。教育を受けた若い世代が、卒業後に報酬のある職を得て、自分や家族を養う。それを可能にする知識こそ有益な知識だと、近年までは考えられてきた。市場本位の経済においては、報酬を生む仕事とは社会において有益な役割をはたすものと考えられたため、教育を通じて有益な知識を得ることは、とりもなおさず本人のためにも、またその人が属する社会のためにも役に立つこととされてきた。

このような考え方は今も正しいといえるが、それだけではもはや教育の課題のすべてをカバーしているとはいえない。有益な知識にはさらに別の要素があって、それは報酬をもたらす、すなわち社会的にも有益だとされる、職を得るという直接的関心事を超えたものである。このもうひとつの要素は「タイムリー・ウィズダム（いまこそ必要な知恵）」という言葉で言い表すことができるであろう。二つの要素がどのようにかかわり、どのように違うのか、教育の課題に関連してかいつまんで分析してみよう。

ときを経ても有用性が変わらないという意味において、時代に影響されないことがらや知識体系が存在する。それは歴史的知識であり、たとえば精密知識の体系、つまり精密科学のなかで発達した知識（数学、幾何学、論理学、またその展開や細分化された分野）などもこれに含まれる。歴史的知識とは、過去の出来事や人物に関する習熟や理解、またそこから発展した知識体系を指すものである。教育の大部分は、歴史的知識を蓄積し伝えることに割かれており、それはとりもなおさず文化を次の世代に確実に伝えていくという教育の務めである。つまり教育は社会における記憶の機能をはたしているのである。

そうした歴史的知識のなかには、それが伝えられる時間と空間から独立している、まぎれもなく時間に影響されない要素もある。精密科学や、経験的自然科学の一部の知識がそれである。たとえば、ユークリッド幾何学の公式は、アメリカ、アフリカ、アジアのどこであろうと、19世紀であろうと21世紀であろうと、その有効性を保持している。相対性理論の出現以来、古典的法則は特定の状況下（地上であって、かつ光速に近くない状況など）においてのみ有効となり、ニュートンの運動法則もまた、時間から完全に独立はしていないものの、どこで教えられようとその有効性に変わりはない。こうした知識を受容することによって、その受け手は知識の主要な要素を獲得し、社会において積極的に活動に参入することができる。知識の一定の要素を習熟しているということは、社会市場での競争力を得るための前提条件となるのである。これは教育システムを離れる若者にとって必要なことであり、また国際市場での競争力を保持するという意味においては、社会にとっても必要なことである。

無条件に有効か、条件付きで有効かを然るべく配慮しながら、歴史的知識を伝えていくことは、現代教育の正当な課題ではあるが、これを唯一の課題ととらえるのは間違いである。教育のさらなる課題は、国内外の市場の目先の要求に応える知識ではなく、その先の、現在の社会を持続させるのに必要な知識を伝えるということである。これは記憶の機能というより、適応——厳密にいえば、未来を見通した適応——の機能であり、社会が急速かつ根本的な変化に直面している時代においては、とりわけ不可欠なものとなる。急速かつ根本的な変化のなかでは、それまで有益だった知識がもはや使い物にならなくなることもある。また、それまで具体性を欠いたり、見当違いであった知識が、有益なものとなることもあり得るのである。

このような未来予測的知識というのは、経験科学にもとづく知識である。動向予測、システム開発のシミュレーションは社会科学、新たな発見は最先端の自然科学から得ることができる。未来予測的知識は予見される、あるいはすでに兆しを見せはじめた未来にまで、歴史的知識を延長させようというものである。

現在の社会をこの先も継続させていくためには、教育を通じて歴史的知識のみならず未来予測的知識を伝えていくことが必要である。未来予測的知識を蓄積し、発展させることは、社会科学と自然科学分野の研究課題である。現在ほぼすべての社会が急速かつ根本的な変化にさらされていることを考えると、これはきわめて重大な課題である。

しかし、未来を範疇にいれた歴史的知識を伝えるだけでは、現代教育の課題のすべてをこなせるとはいえない。これはここ百年にわたり議論の対象となっていることでもあるのだが、とりわけ今日重要となっているのは、いま述べたこと以外の課題である。すなわち、この新たな、おそらく歴史的に先例のない状況下において、次世代に、創造力を働かせ、責任をはたすのに必要な判断力をはぐくむということである。

かつて、イデオロギーに動かされた指導者は、独裁的手段を用いてでも、社会に必要と思われる考え方や信念を人々に浸透させなくてはならないと考えた。そうした試みは、宗教、思想、政治の分野の別を問わず、体系的な教化の試みという形となって現れた。宗教的な教化は中世のヨーロッパで実践され、政治的教化は20世紀において共産主義政権や独裁政権によって行われた。そうした教化が企図するのは、特定の価値観や信念を植えつけて、特定の主義・教義に対する支持者を獲得しようというものである。それらは、自主的な判断を引き起こしたり、個人の創造力を助長したりするものではなく、それどころかそれらを抑圧するものであった。

若い世代には、こうした教化ではなく、健全で自主的な判断力と、それにもとづき行動する創造力を育成するような教育が必要である。この点こそ特定の価値観や信仰を教え込むことと、タイムリー・ウィズダムを育むことの決定的な違いである。後者のためには、世界情勢に関する適切な概説を行うことと、それに含まれる情報を公正に評価できるような偏りのない学習環境が必要となる。

2　世界情勢の概説

われわれは今、根本的な変化の時代を迎えており、その兆しや証拠はいたるところに見られる。グローバリゼーションによって生産、貿易、金融、通信の統合が実現しつつある一方で、地域単位の失業、所得格差の拡大、環境の悪化といった社会的、生態環境上の弊害がもたらされている。

これまでの長い間、社会進歩の第一の指標と考えられてきた経済成長の恩恵は、ますます一部に集中するようになってきている。何億もの人々が物質的に恵まれた水準の暮らしを送っているが、そうしたこれみよがしの豊かさの陰で、何十億という人々が貧民街や都市部のスラムで非常に貧しい生活を余儀なくされている。こうした事態は社会的にも、政治的にもいつ爆発するとも知れない危険をはらんでいる。敵意や反発を助長し、地方から都市部、また貧困地区から富裕地区への大量の移住者を発生させるのである。さらにそうした状況は、今や世界的事業に成長しつつある組織犯罪に格好の足場を提供することとなり、情報詐欺から武器、麻薬、臓器の売買まで、さまざまな犯罪の温床となる。

今日の世界では､テロリズムは危機の原因ではない。危機の劇的な結果である。現在のそうした危機の根底には、生命を支える環境の悪化によるストレス、フラストレーション、憎悪や、世界の経済・社会システムの作用による不均衡が存在するのである。

新しいテクノロジーの利用は、社会進歩の指標としてあちこちで引き合いに出されるが､諸刃の剣である。核エネルギーは商業エネルギーの無尽蔵の供給を約束するが、放射性廃棄物の処分や、寿命を迎えた原子炉撤去の問題は解決されないままである。さらに、技術的な事故や故意のテロなどを原因とする炉心溶融の不安についても、解決のめどは立っていない。遺伝子操作の技術は､ウイルスに強くて高たん白な作物の開発、動物の品種改良、動物性たん白質の大量供給、たん白質とホルモンを生産し、光合成を増進させる微生物の実現という驚くべき可能性を秘めている。しかしその一方で、この技術は人々を死に至らしめる生物兵器や発病性微生物を生産し、自然界の多様性やバランスを破壊し、異常できわめて攻撃的な細菌や昆虫、動物を生み出す可能性をも持っている。

新しい情報技術は、地域的には多様でありながらグローバルに交流できる文明を築きあげ、文化や人種、国籍を超えた人々の連携を可能にした。しかしそうしたネットワークが、これを作りあげた一部の権力層の手中に握られている限りは、少数の人々の利益になるようにしか機能せず、その他の人々は無視されてしまう。過度に商業化されたインターネット、テレビ、電子メディア、活字メディアは、あらゆる人々に発言権を与えるのではなく、世界市場に参入できるだけの手立てを持つ人々の要求に応えている。

しかし、この大転換期（Great Transition）は危険材料のみをはらんでいるのではなく、そこに好機を見出すこともできる。大転換期とは、システムの安定の限界に到達したことによって、転換の時代に突入するという、社会進化の一過程である。つまりシステムの未来を決定できるという、かつてない自由の時代でもあるのである。社会転換の行く末は、運命によって決定されるのでも上位権限者によって決定されるものでもない。社会のなかに起きた、小さくて一見意味のなさそうな「ゆらぎ」の中から選択されたものによって決定されるのである（図1）。

“ハード”の技術におけるイノベーション
（道具、機器、管理・機能システム）

⇨ 資源生産レベルの向上

⇨ 人口増加と、それにともなう社会の複雑化と環境へのより大きな影響

⇨ “ソフト”の技術におけるイノベーション
（社会・政治的組織、経済システム）

———そして
⇨ 優位にある文化に変化がもたらされる
（精神性、価値観、倫理、世界観）

図1　「大転換期」の変化の構造

　大転換期には、社会における根本的変化の過程を表す四つの局面がある。第一番目が、引き金的局面である。この段階から、社会は持続不可能な発展の道のりを歩みはじめる。一連の技術革新が始まり、短期的な利益がもたらされる。物を動かし、変化させる筋力や、物を見るための視力、聞くための聴力、情報を記録し計算するための能力は、これにより一挙に増強される。しかし有益な技術革新の「副作用」（たいがいは全体的に作用するものであるが）は、必ずしも有益なものではない。それどころか、大きな動揺をもたらす可能性をも含んでいる。にもかかわらず、新しい技術の数々は長期的な結果があまり考慮されないままに導入されている。政財界の指導者らは、おのおのが抱える課題やプロジェクト達成のために何がより効率的で有効かということしか頭にないのである。

大転換期の第二の局面を迎えると、社会は非常に不安定になり、すべての面で持続不可能な状態に入る。新技術がもたらした結果は雪だるま式に大きくなり、社会構造や制度の管理、制御の限界を超える。自然界にも不測の弊害がもたらされる。森林は再生されず、土地はやせ、地下水面は下がり、水質も汚濁し、工業地帯や人口密集地帯の上空の空気は汚染されていく。同時に、すでに開発された資源をより効率的に利用し、新たな資源を開発する（つまり、木の次に石炭、その次に石油という具合）など、より多くの天然資源が生産される。こうして大量かつ多様な資源を利用できるようになったおかげで、多くの人々が生産し、消費するようになる。その結果、人口が増加する。しかしながら、多くの人々が大量で多様な資源を利用することは、よりシンプルで、限られた資源を基盤として世の中を支える構造とは両立できない。そこで特殊な技能や、特定の目的を持つ組織的構造が必要となるのである。これらが発達するにつれ、社会は複雑さを増し、また人口と必要とされる資源も膨らんでいく。

社会は従来の枠をはみだして、国や文化の垣根を超えた規模にまで成長する。多くの人々が多くの資源を利用する複雑化した社会は、それまで関係のなかった人々を結びつけ、人々が互いに依存しあう構造を生みだす。コミュニティ間の取引が盛んになるにつれ、社会的な交流の範囲も拡大し、より多くの人々、より多様な文化の交流が行われるようになる。それに伴い、これまでの社会構造や権力の構図にひずみが生じてくる。既存の制度は変化をせまられ、生活や行政、経済活動の新たな方法が求められるようになる。そうした方法を見つけ出して利益を得る人もいる一方で、そこから取り残される人も出現する。社会の構造は、富裕層と貧困層、権力を持つ層と社会から無視された層に二極化する傾向にある。

大転換期の第三の局面にはいると、社会の転換は決定的な臨界点に向けて大きく近づいていく。拡大と統合の動きは、環境の悪化の問題ともあいまって、人々を混乱させるような、また制度の統治能力、制御能力に余るような、予期せぬ結果をもたらす。社会は、社会的、文化的転換の時期を迎えるのである。このとき、従来の価値観にしがみつき、使い古され、すでに結論の出ている方法を信じようとする者がいる一方で、次第に多くの人が新たな選択肢を求めるようになる。

安定の臨界点を突破してしまうと、第四の局面が始まる。起こるのは崩壊か局面打開のどちらかである。社会は新たに出現した状況のもとで安定を取り戻すか、危機に向かって突き進み、崩壊する。

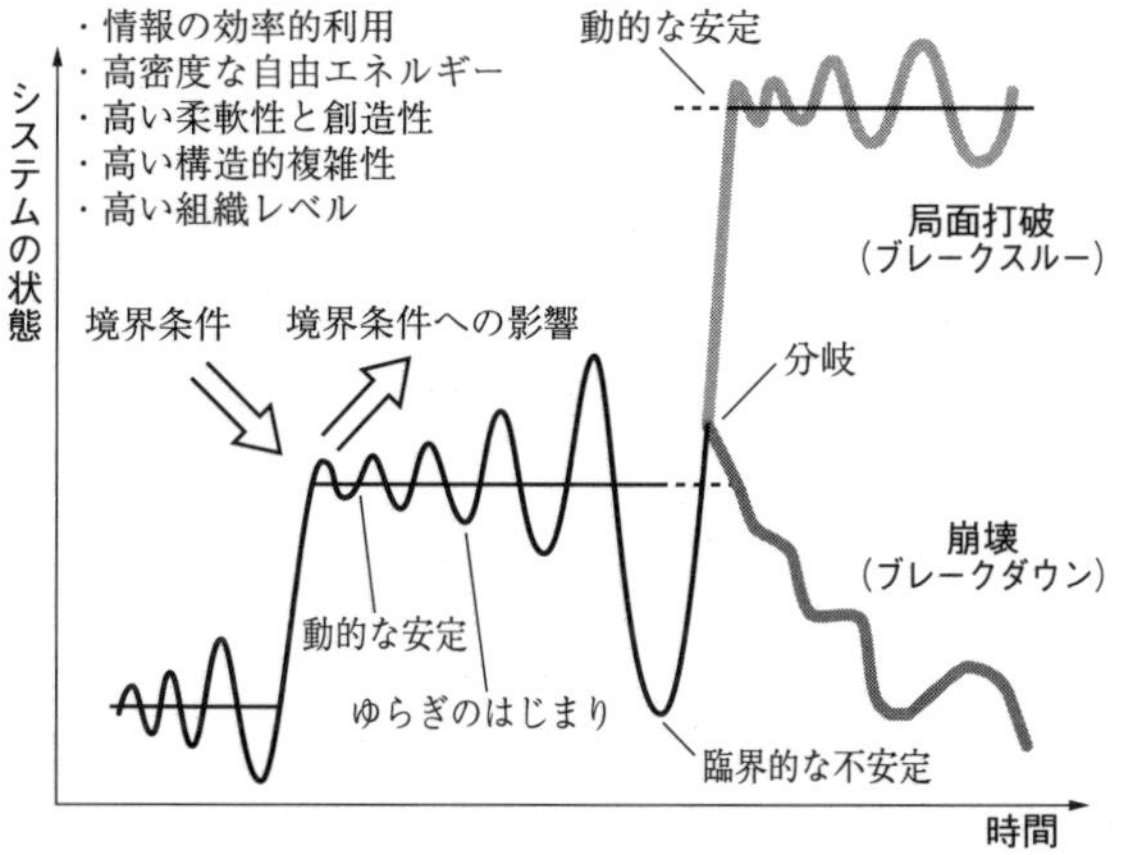

図2

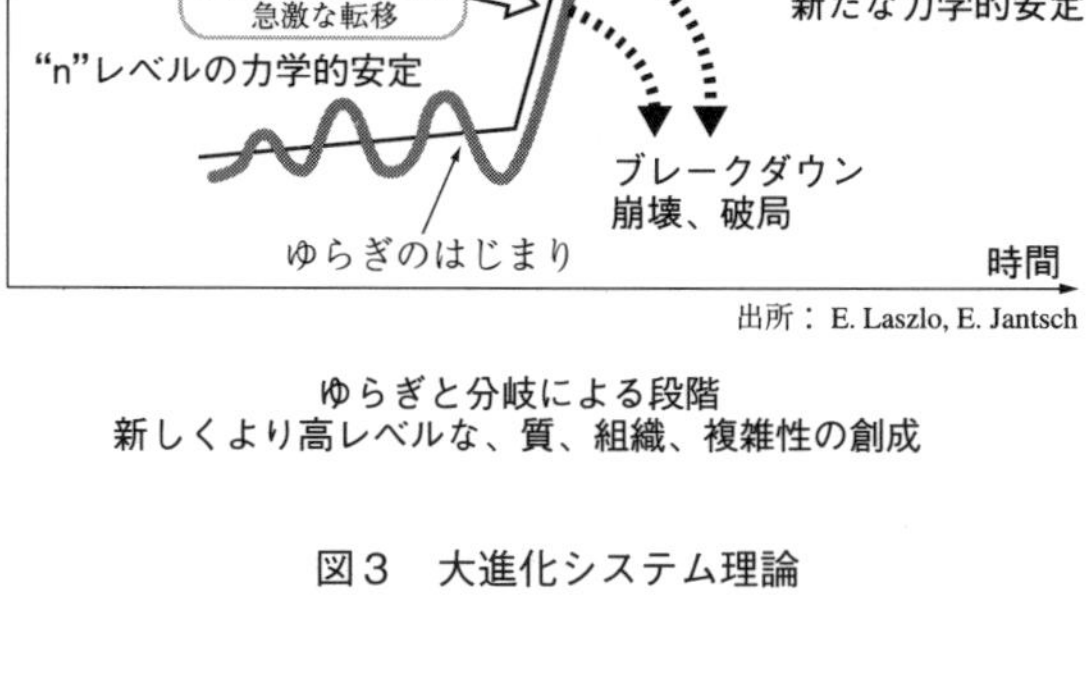

出所：E. Laszlo, E. Jantsch

ゆらぎと分岐による段階
新しくより高レベルな、質、組織、複雑性の創成

図3　大進化システム理論

大転換期は、社会進化のダイナミクスの一部である。この力学は、すべての開放系・複雑系の熱力学と共通するもので、進化システム論によって開発された分岐図を用いて表すことができる（図2、3、4）。

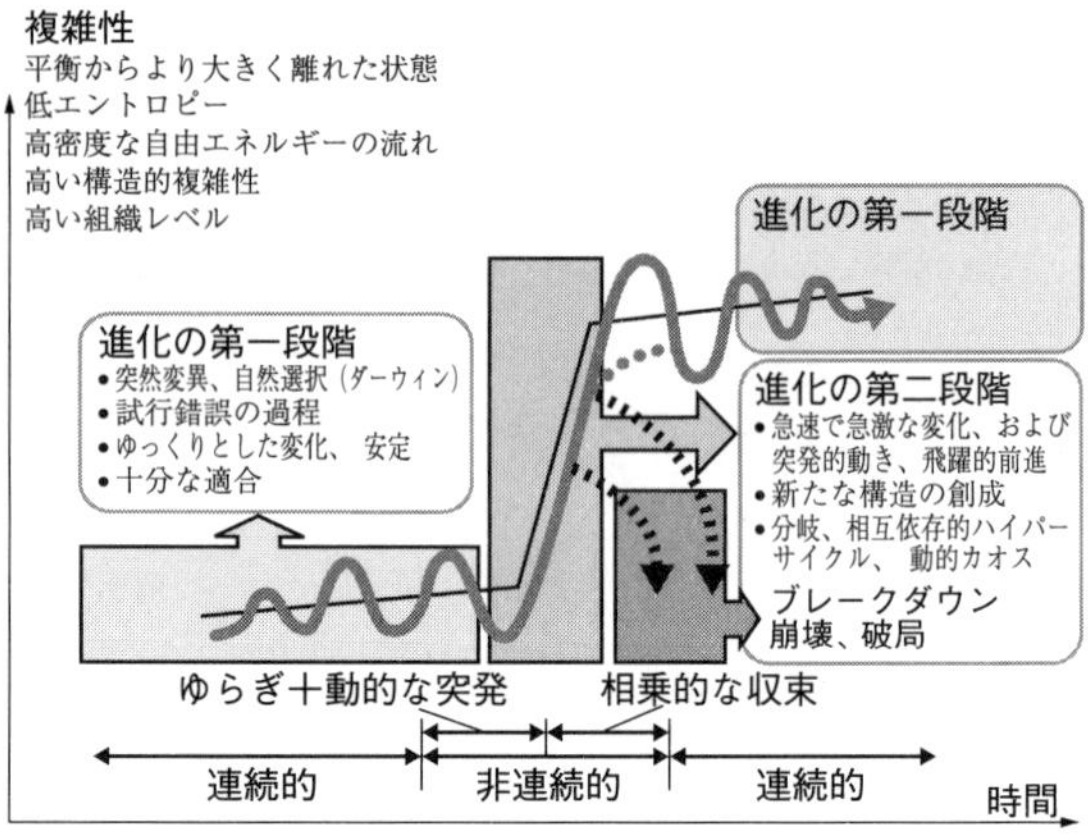

出所：E. Laszlo, E. Jantsch

図4　進化の第一段階、第二段階

根本的かつ不可逆的変化のプロセスは、物理世界、生命界、人類史の分野を問わず、同じ基礎的な力学として現れるのである（図5）。

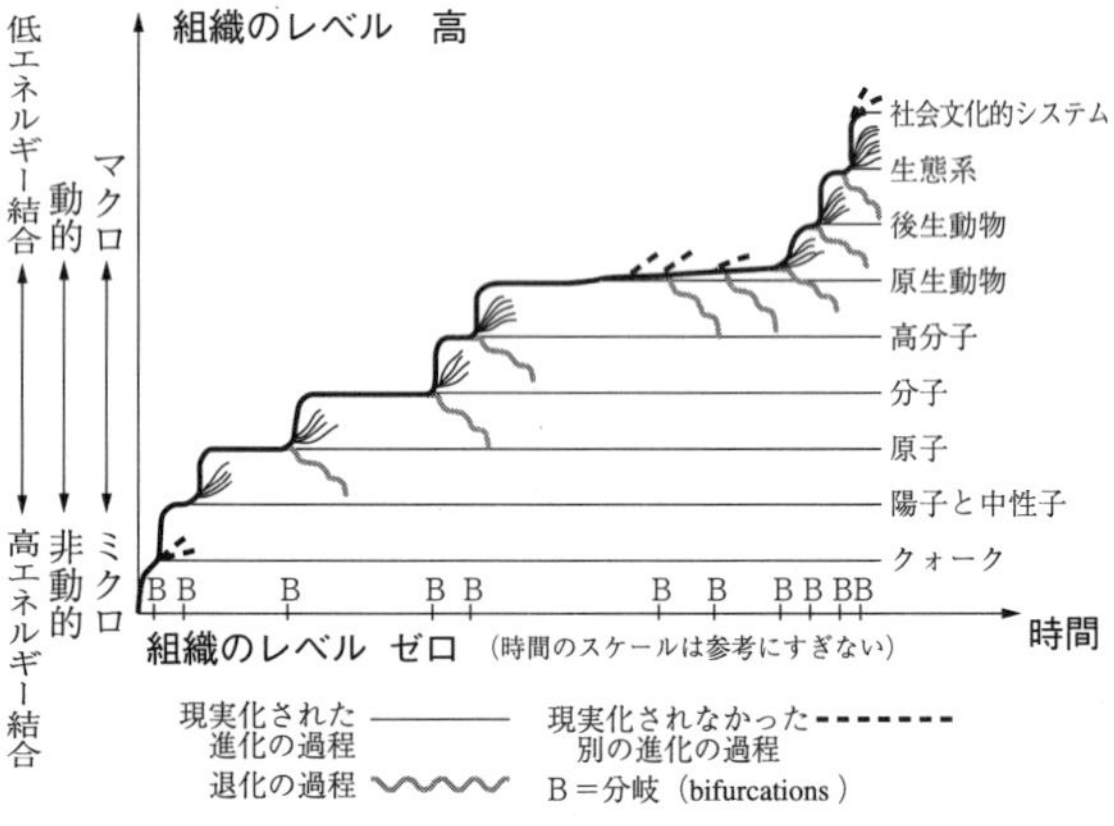

図5　収束により断続的に出現した組織のレベル

3　世界情勢に関する情報の未来への示唆

大転換期の第三の局面では、それまで優勢だったトレンドが勢いを失う。システムの分岐という進化の道筋である。同時に未来の別の選択肢も現れてくる。われわれは今この局面に近づきつつある。したがって、現代教育が行うべき世界情勢を概説するときに、社会進化の現在の形態が分岐点にさしかかっているという認識を伝えなくてはならない。

現在、社会にとって可能性のある進化の道筋は、次の二つの「シナリオ」にまとめることができるであろう。すなわち「崩壊（ブレークダウン）」と「局面打開（ブレークスルー）」のシナリオである（図6）。

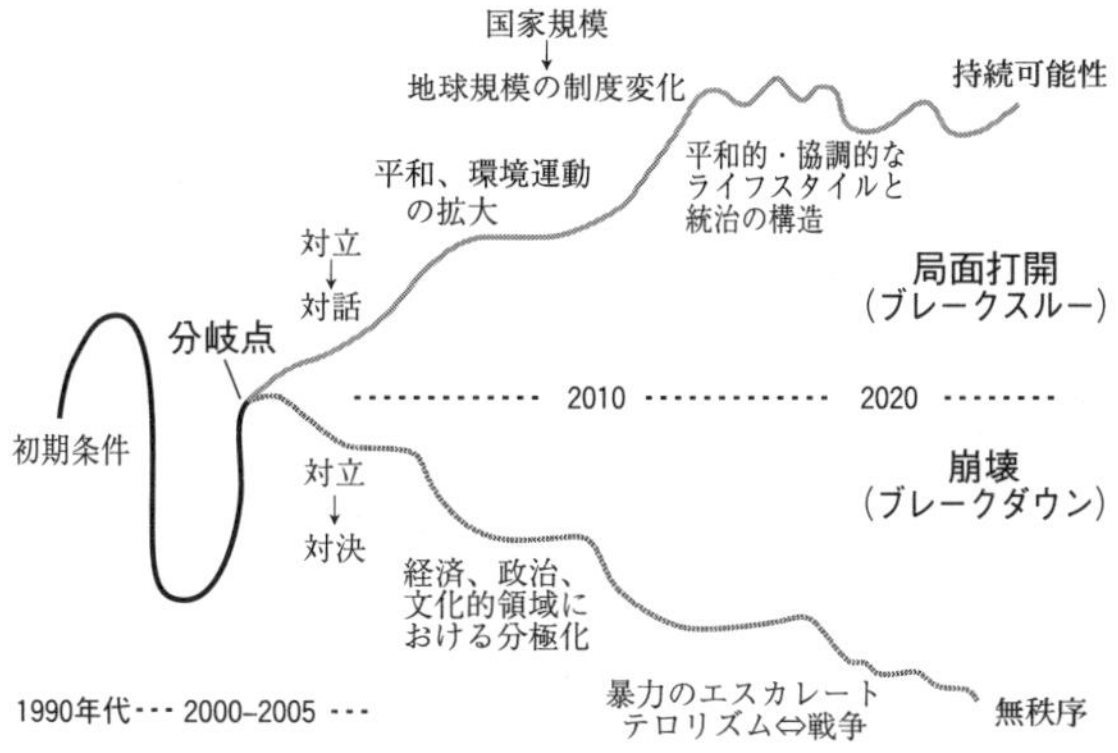

図6

転換を誘発する初期条件

「持続不可能な経済、社会、文化的条件」

- 人口圧力の増大：世界中で毎年7700万の人口が増加しており、そのうちの97%が貧困国の人々である。
- 貧困の拡大：20億近い人々が1日2ドル以下で生活しており、そのうちの10億人以上が都市部のスラムで、生きていく最低レベルの生活を営んでいる。
- 富裕層と貧困層、および富裕国と貧困国の格差の拡大：全世界の消費量のうち、人口の80%が占めるのはたった14%で、最も裕福な20%の人口が86%を消費している。

・中東、バルカン諸国、インド亜大陸、その他の紛争地帯における根強い宗教的、文化的不寛容。

・軍事力を背景にグローバルな経済・政治目標を達成しようとするアメリカの明らかな覇権主義的野心に対する高まる反発。

・テロリズムとそれに対する軍事的報復の脅威の拡大。

「持続不可能な環境的条件」

・森林伐採と生物多様性損失の加速：熱帯雨林の消失、無数の種の絶滅、耕地での単一栽培。

・酷寒、酷暑、猛烈な暴風雨、降雨傾向の変化を伴った気候変動の加速：極氷の融解によりメキシコ湾流の流れが狂い、ヨーロッパが新たな氷河期に突入する恐れ。

・工業、都市、農業による汚染被害の拡大：大気の化学組成の変化、農地の脱塩と悪化、地下水面の低下と水質の汚染。

・海面の上昇：南アジアの低地や河川流域の消滅、太平洋の島嶼国の浸水、世界中の沿岸都市への脅威。

崩壊（ブレークダウン）のシナリオ

「2005年〜2015年：経済、社会、文化面でのひずみの増大」

・経済的、社会的な不公平感からくる憤りを背景に力を伸ばしたイスラム原理主義が、イスラム圏で聖戦をしかける。

・テロリストを排除する目的で、潜伏地となっている国々を攻撃するとともに、テロリズムが拡散する。

・ヨーロッパ、アメリカ、ロシアを結ぶ北大西洋における協調関係が崩壊する。

・ブラジル、インド、韓国、その他、開発途上国の参加を得て拡大の様相を見せるアメリカの軍事・経済的覇権主義に対抗するために、フランス、ドイツ、ロシア、中国が同盟関係を結ぶ。

・アメリカおよびその同盟国と、対抗ブロックの各国が軍事競争の悪循環に突入し、世界の軍事費支出が急上昇する。

- 世界的経済不況と米国の単独行動主義があいまって、国際通貨基金および世界貿易機構を弱体化させる。また多国間の貿易協定や米国との二国間貿易よりも地域的な経済協定の魅力が増すとともに、貿易戦争が頻発して次第に大きな不安定の要因となる。
- 南北間の貿易協定が解消され、貿易の流れが途絶える。国際的な経済金融システムは混乱を極める。
- 腐敗や、組織または非組織による犯罪が六つの大陸で横行する。

「進行する生態圏の荒廃」

- サハラ以南のアフリカ、中国、南アジアおよび中央アメリカでの水不足、食糧不足が、水をめぐる戦争や、飢餓からくる戦争を生む。
- 飢餓や非衛生的な環境が、ＨＩＶ／ＡＩＤＳやＳＡＲＳ、その他の伝染病の拡大を加速させる。
- いずれの大陸においても、浸水した沿岸地域の都市や低地から、また困窮を極める都市部や地方からの何百万という環境難民が、内陸に移動する。

「２０１５年～２０２０年：世界崩壊への動き」

- 人口の三分の一近くには家がなくなり、三分の二には十分な食糧と清潔な水が不足する。
- アメリカおよびその同盟国と、対抗する軍事・経済ブロックとの間の、政治、経済的緊張が危機的なピークに達する。両陣営のタカ派や軍事系圧力団体が大量破壊兵器の使用を強く訴える。
- 開発途上地域において、自らにとっての悪に対しては軍事力の使用も辞さないとする、強引な政権が台頭する。
- かねてからの紛争地域で地域戦争が勃発し、戦火が周辺諸国に拡大する。
- 世界の主要な軍事・政治・経済的ブロックが、経済的、政治的目的を達成するために大量破壊兵器を使用する。
- 新興の軍事政権の中から、地域の紛争解決のために核兵器、化学兵器、生物兵器を配備する政権があらわれる。

- 従来型、非従来型兵器を使用した戦争が世界規模に拡大する。世界の経済金融のシステムは大混乱に陥る。国家間の政治的関係は壊れる。無政府状態と破壊の動きが広がる。

局面打開（ブレークスルー）のシナリオ

「2005年~2010年：局面打開への第一歩」

- テロや戦争の経験、また貧困の拡大、各種の環境の脅威や災害をきっかけとして、人々の考え方に建設的な変化がもたらされる。一人ひとりが世界を平和で持続可能なものに変えていく有効な担い手になれるという考えは、次第に多くの社会に住む人々の心をとらえる。人々は直面している共通の脅威に立ち向かうために、文化、職業や身分を超えて協力する。
- 世界中で平和や国際協力を訴える大衆の運動が高まり、それにより同様の動機をもつ政治家が選出され、経済協力や異文化間理解を促進させる計画や、環境の持続性の確保や強化のための地域的・国際的な方策の実行に新たなはずみがつく。
- 地域や国内、または国際的な財界リーダーたちは、企業としての社会的、環境的責任の追求が組織の利潤と成長を後押しするような戦略を採用する。
- 電子ネットワーク上の電子議会（E-Parliament）が始動し、世界中の議員をつなぎ、共通の利益実現のための最善策を議論する場を提供する。
- 非政府組織がインターネットを介して結ばれ、平和を回復し、戦争により疲弊した地域や環境を再生するための戦略を共同で作成する。そうした戦略が、地方や国の行政組織、財界に対して、社会的、環境的に責任ある政策や方針を促す。

「2010年~2015年：平和と協力の輪郭の形成」

- それまで軍事や防衛に当てられていた予算が、紛争解決の実際的な試みや、国際的に合意され、地球規模で調整された環境を持続可能にするプロジェクトの実行に、多く振り分けられるようになる。

- 世界の通貨制度の改革が行われる。改革された世界銀行グループが資金力ではなく人口規模を基礎とした世界通貨を流通させ、世界の異なる経済の間に公正な資金循環が生まれる。
- 世界中の財界首脳が力を合わせ、人口のすべての階層に公平に経済財や経済活動への機会が与えられるような、自主的な自己調整機能をもった環境社会型の市場経済の創造を目指す。
- 主要食糧の生産および社会と産業で用いられるエネルギー作物と原材料を栽培するという両面から、農業が経済の中で再び重要な地位につく。
- 世界規模の再生可能エネルギー計画が策定され、太陽光やその他の再生可能エネルギーを利用して、世界経済を変革し、底辺層を貧困の悪循環から救済する、第三次の産業革命への道筋が整う。

「2015年～2020年：持続可能な世界の基盤の出現」

- 国家、大陸、世界規模の統治機構が改革または新設され、それによって各国家は参加型の民主主義へと移行し、権限を得て積極的に活動するようになった人々の創造的エネルギーがうねりとなって沸きあがる。
- 合意と国際協調のもとにつくられた、環境社会的な市場システムが機能し始める。
- その結果として、国家間・異文化間の不信、民族紛争、人種的弾圧、経済的不公正、ジェンダーによる不平等は、より高いレベルの信頼と、国家間の平和的関係と経済・環境の持続可能性の実現を目指そうとする世界人類共通の意志にとって代わられる。

以上が今日の世界に起こり得る未来のシナリオである。どのシナリオをたどるかを決定づけるのは、初期条件ではない。言い換えれば、スタート地点はいずれも同じ、すなわち、極めて不安定な、それゆえに持続不可能な今日の世界である。違いは、人々がこの状況にどう対処するかにある。決定要因となるのは問題それ自体ではなく、問題に対する対応である。だからこそ、充分な情報に裏打ちされた判断にもとづく、タイムリー・ウィズダム、およびそうした判断をもとに行動する創造力が必要となる。

4 知恵の要素

おそらく、タイムリー・ウィズダムを鼓舞するのにまず必要なのは、今日の世界を支配している原則の多くがすでに時代遅れであるという認識であろう。ここで2004年12月18日に開催された、ブダペスト・クラブの世界賢人会議（The World Wisdom Council）で採択された宣言を一部引用しよう。

次のようなシステムのどこに知恵があると言えるだろう？

- 解決を目指す紛争以上に危険な武器を生産するシステム
- 女性を軽視しつづけ、全体の半分の子どもが貧困と飢餓の状態におかれているのを放置するシステム
- 食物の生産過剰を生み出しながら、飢えている人々にそれを届けることをしないシステム
- 個人に対しては、自分がされたいと思うことを他人にもすべしという黄金律に従うべきとしているにもかかわらず、国家間やビジネスの関係においては、この基本的な公正のルールを無視するシステム
- さまざまな課題や問題が山積しているのに、多くの人々が次々に職を失う状態にあるシステム
- 破綻することなく機能していくためには、経済と財政の成長をたゆまず続けていかなくてはならないシステム
- 長期的な構造上または運営上の問題に直面しているのに、短期的な会計期間や日々の株式相場の動向を成功の基準とするシステム
- 社会と経済の発展を国民総生産という観点から評価し、人々の生活の質や、人間の基本的ニーズの充足については考慮しないシステム
- （何百万という人々が職がないか不完全就労であるにもかかわらず）労働の生産性を最大限に向上させることを最優先とし、（ほぼすべての天然資源は有限で、多くは不足し、再生不可能であるにもかかわらず）資源の生産性の改善を二の次にするシステム

こうした事柄や似たような矛盾の根底に横たわっている、時代遅れの知恵から抜け出そうとするならば、いくつかの根本的な問題について考えてみるべきだと、世界賢人会議は提唱する。たとえば次のようなものである。

- 自然と平和的な関係を保たずして、自分の内なる平和、人々の間の平和を得ることができるだろうか？
- 他の人々が世界をどのように見ているかを理解することなしに、平和で持続可能な世界を手に入れることができるだろうか？
- 現代社会で生活を送る上で、伝統の文化の中に存在する知恵や、若い子どもたちに備わる知恵を切り捨てても差し支えないのだろうか？
- 貪欲さや欲望、権力といったものをもてはやすようなよくある思考態度から、すべての人々に対する正義や、自分たちの文化や社会もしくは他のところにいる人々への敬意に裏打ちされるような考え方に転換していくことはまだ可能であろうか？

現代社会の中で一般的になっている考え方の中には、もはや機能しなくなったものがあることを、若い世代は認識する必要がある。いくつか、例をあげてみよう。

- われわれは、それぞれの皮膚に包まれた別個の個人である。人と協力することがあるとしても、それは自分自身の利益追求のためである。
- 人間も含め、あらゆるものの価値は金に換算できる。どんな経済も成長が必要で、人間誰しもが望むのは金持ちになることである。
- 女性の居場所は家庭である。職場においては男性の手伝いをしたり、整理や片付けをするのがせいぜいのところである。
- 常に新しいものほどよいものだ。最新の製品や技術を購入し、使用することは、われわれにとって望ましいことであり、経済にとっては必要なことである。
- 未来のことなどわれわれには関係ない。個人の場合と同様で、自分たちの世代のことだけ考えていればよい。

・世界の危機は取り返しのつくものである。現在経験しているのは一時的な問題にすぎず、ときが過ぎ去ればまた通常に戻るはずである。
・異常な事柄は、平常な事態の中から発生したものであり、そのため遅かれ早かれ、またもとの平常に戻っていくはずである。

なかには時代遅れなだけでなく、現実に危険な思想も存在する。

「新石器時代的な幻想：自然は無限である」——自然は無尽蔵の資源であり、廃棄物を引き受ける底なしのごみ箱であるという考え方は、大切な資源を乱用したり、自然の自己再生サイクルに過度の負担を与えたりする行為につながりかねない。今日では30億人の人々が栄養失調に陥っており、人口のピークが約120億人に達する（2054年までには実際にそうなるだろうが）と、この数は2倍になる。人間が消費する食料の99・8％以上は陸上で生産されており、われわれの食事の80％をしめている穀類の収穫量が、現在のペースでわずかに増加していったとしても、それでは十分ではないのである。耕地の浸食や表土の流出が止まることを前提とした楽観的な環境のシナリオでさえ、人類を養う自然の能力は最終的には限界を超えるとしている。

「社会ダーウィン主義：競争・淘汰のイデオロギー」——競争がすべての生命の基本にあるという考え方は、ダーウィン進化論の自然選択を通じて提唱されたものである。ダーウィン理論を社会に応用した「社会的ダーウィニズム」は、社会においても自然界と同じように、競争的な選択のプロセスを経て適応しないものが淘汰され、適応したもののみが生き残る、という立場をとっている。社会の中では、適応度を決定するのは遺伝子ではない。利口さ、大胆さ、野心、金を獲得し活かす才能などとして現れる、個人的または文化的特性がこれを決定するのである。今日の世界では、ビジネスや政治の領域における競争者同士の容赦のない争いの中に、そうした生存競争を見ることができる。

それがもたらす貧富の差、あるいは権力者と周辺に追いやられた者の格差によって、不満や暴力の火種が生み出されている。

「市場原理主義：自由市場のイデオロギー」――市場のイデオロギーは、市場とは利益を分配するもので、ある企業や個人が利益をあげれば、他の企業や個人もその恩恵にあずかる、という考え方を基礎としている。人間のすべての要求や欲求は、貨幣価値で表すことが可能で、需要という形に置き換えて、対応する供給とともに市場で扱うことができるということ、また、要求や欲求を売買可能な商品に変換するにあたり、人、経済、自然の面において克服不可能な限界はないということ、市場で競争する権利は、自由の基本であり、かつ社会的、経済的正義の土台であるということが、このイデオロギーの中心的主張である。

「軍国主義：軍事力は社会、経済的問題を解決する最良の手段である」――世界の軍事費は近年急速に増えており、今や年額1兆ドルに達し、それを超える勢いである。しかしこれまでのところ、戦争によってテロリストや大量破壊兵器が排除されたことはなく、また平和や安定の実現にもつながっていない。一方で国連によれば、年間190億ドルの投資で全世界の飢餓や極度の栄養失調をなくすことができ、210億ドルで世界中の家のない人にシェルターを提供することができ、約100億ドルで清潔な水をすべての人に供給でき、70億ドルで森林伐採を食い止め、80億ドルで地球温暖化を防ぎ、240億ドルで土壌浸食を防止することができるという。安定と平和につながる状況を作り出すためには、こうしたプログラムに10年間投資することの方が、テロリストを殺害したり、対立する国家や非協力的な政権を攻撃したり、軍事占領によって民主主義を植えつけたりといった軍事行動に投資することよりも、よほど有効であるといえるだろう。

次の図には、時代遅れとなった主義主張と、時代に適合した価値観や考え方がまとめられている（図7、8）。

- すべての人々は自国に第一の忠誠をつくすべきである。また、すべての国（現存するわずかな植民地を除く）は、無条件に主権国であり、独立した国民国家である。
- 自国の財産や権力は、それらが他者に対していかなる意味を持っていようと、必ず守らなければならない。なぜならば、世の中では、自分が自らのために行動するように、国もまた国のために動くものだからである。
- 富める国が貧しい国を救う最良の方法は、さらに豊かになることである。なぜならば富は必然的に貧困国やその経済に徐々に流れていくはずだからである。
- 個々の人間の責任は自己の幸福を確保すること（それは国の幸福にもつながる）で完結する。私たちがそうであったように、次の世代も自分で自分の面倒を見るべきである。
- この世の中は、自分は自分、他人は他人であって、最も強い者、もっとも恵まれた者が当然の特権を得る。
- “見えざる手”が個人や社会の利益を調整するので、個々の人が利益を上げることが、すなわち社会の利益にもつながる。
- ものごとのあり方を決めるのは、富や政治的権力である。思想が果たす役割は、主に書物の頁を埋めたり、会話をより印象的にする程度に過ぎない。

図７　時代遅れな、拡張型進化の考え方

- **外的支配から内的支配へ**：権力という外部のソースに頼る構造から、意識、知ることといった内なるソースに頼る構造へのシフト。
- **個別から全体へ**：現実的状況や経験のあらゆる面における根本的な全体性や相互連結性に対する認識の高まり。
- **精神性に対する気づき**：健康、ビジネス、市民生活などの領域における精神の役割に対する探求の拡大と、それに伴う、精神的な営みの再活性化や精神社会という意識の促進をめざす方法の探究の拡大。
- **集中化され権力から“中心のない”権力へ**：権力集中を基盤とした関係やシステム、制度から、あらゆるレベルにおける人々の創造的な自己組織性と学習の可能性に重点を置く視点やアプローチへのシフト。
- **機械論的システムから全体論的システムへ**：機械論的システムを基礎とする世界、組織、人間の経験範囲のモデルから、生命体システムにそった原理に基づく見方やアプローチへのシフト。
- **地域的および世界規模の自己組織性**：世界レベル、地域レベルにおける創造的イニシアチブの同時的な急増。たとえば、市民社会の再活性化、新しい形態のコミュニティの開発、有効な地球規模の制度の出現など。
- **競争から和解と協調へ**：競争を基盤とした関係、組織モデル、社会的戦略から、回復、和解、職業間・男女間の協調の原則を基盤にしたそれへのシフト。

図８　より適切な、収束型進化の考え方

5　タイムリー・ウィズダムについての考察

さて、ここでタイムリー・ウィズダムに話を戻そう。タイムリー・ウィズダムというのは、単に歴史的知識を予測可能な未来に延長するものではない。なぜならば、大転換期の第三の局面に至ると、根本的に新しい状況が生まれてくるからである。つまり、明確な非線形性に特徴づけられる「分岐局面」にさしかかるのである。こうした状況に対処するためには、歴史的知識を用いた推測だけでは十分ではない。このため、今日的な「持続可能な開発」とは、さまざまな形態やレベルの調整と適応であったこれまでの発展とは別のものである。そして社会とその生命維持環境の発展において、階段関数を描くものである。それゆえに持続可能な開発を実現させるためには、新しい洞察力と新鮮な創造力が必要だということになる。

タイムリー・ウィズダムとは教えられるものではなく、自ら学ぶものである。学習者は適切な判断力と、洞察を行動に変えていく創造力を働かせ、考え抜いた独自の結論に到達することによって、これを学ぶことができるのである。教育がはたすべき重要な役割は、こうした学習プロセスの機会を与えることにある。つまり、世界情勢に関する適切な概説を行い、偏りのない今日的状況の全体像とその状況がはらむ肯定的可能性、否定的可能性を伝えることである。こうした情報に体系的にふれることによって、学習者のなかに新たな洞察が芽生え、さらにそれによって、より適切で信頼できる「倫理」を探求し、受け容れようとする気持ちが生まれてくることが考えられる。

こうした学習のプロセスを通してはっきりと見えてくるのは、現在の持続不可能な社会の状況はつぎはぎ的な応急処置では改善できないという基本的な洞察である。つまりこれはまさに文明のシフトである。文明のシフトは歴史上これが初めてというわけではないが、一世代という期内に達成されるほど急速で、また地球規模のレベルで起こるという意味では、初めて経験するものということになるであろう（図9、10）。

新しい持続可能な文明にふさわしい倫理というのも

また、人から教えられるものではない。しかし、文明のシフトの実態とそれが呈する数々の問題を認識することによって、やはり学習者らの間からそれが生まれてくることも期待できる。そのように示された倫理にはさまざまな道徳基準や規定が含まれるかもしれないが、その中心には、個人や社会は人間の社会生態系の安定の限界と調和をはかる必要がある、という考えが据えられていなければならない。そうした新しい倫理

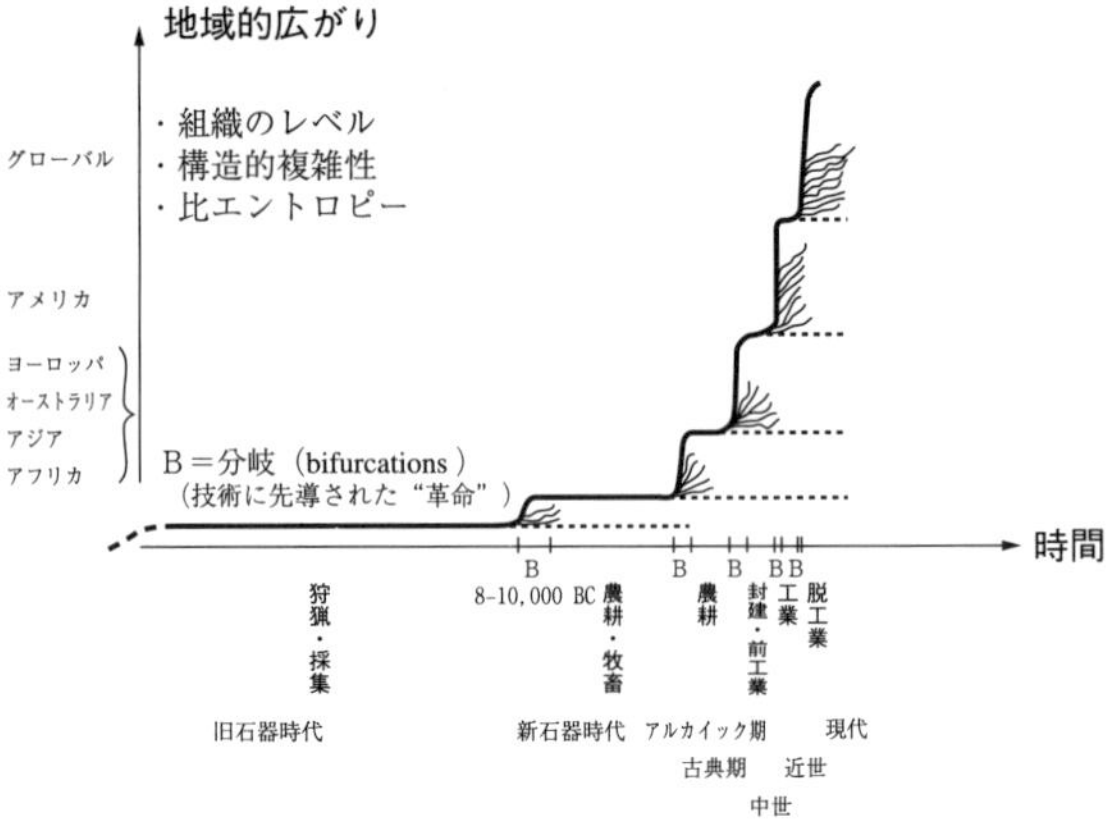

図９　人類の社会技術的進化

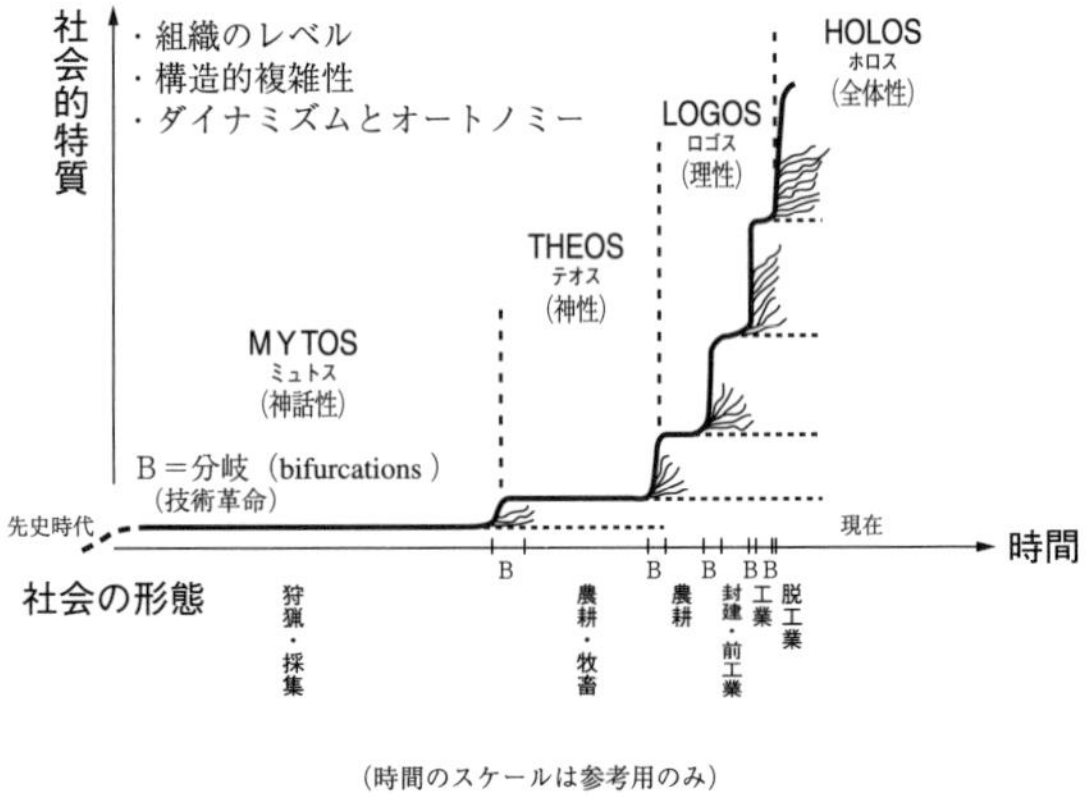

図 10　社会進化の主要な段階

はどのようなものであれ、それらは同時に「宇宙船倫理」でなくてはならないのである（図11）。

宇宙船地球号の倫理

以下をふまえて行動すること

1　他の乗組員が生活し、働くことができるように
2　宇宙船がうまく機能する状態が維持されるように
3　すべてのシステムが持続可能な発展を続けられるように

グローバル・ビジネスの倫理

以下をふまえて行動すること

1　ビジネス領域全体の存続が可能であるように
2　経営環境（人間のコミュニティやその環境）が持続的に機能できるように
3　企業が地域共同体や関連生態系とともに持続的に発展できるように

図 11

6　まとめ

適切な洞察と倫理の習得を促すことは、現代教育の重要な役割である。地球規模で互いに結びつき依存しあう文明へと移行する大転換期の真っただ中にいるという識見がなければ、ひとりひとりが考え方を根本的に変えることはなく、また、適切な倫理がなければ、それぞれが自身の洞察にもとづいて行動しようという気も起きないだろう。新しい文明とはトップにいる権力者の命令によって築くことのできるものではなく、草の根の関心や創造力という肥沃な大地から生まれるべきものであり、したがって若い世代にタイムリー・ウィズダムを促す教育の役割は非常に重要である。そうした知恵がなければ、短期的な競争力も長期的には時代遅れとなってしまう可能性もある。

持続可能な発展とは非線形的な発展であり、この実現のためには革新的な洞察と倫理が必要である。今日の教育システムに求められるのは、若い世代におけるタイムリー・ウィズダムの育成に向けたプログラムづくりである。

初出：教育改革国際シンポジウム報告書（２００５）『「持続可能な開発」と21世紀の教育：未来の子ども達のために今、私たちにできること―教育のパラダイム変換―』国立教育政策研究所、7－21頁

I

持続できない社会

いま、立ち止まって考える

持続可能《サステイナブル》な教育実践とは

―ホールスクール・アプローチを超えて―

永田　佳之

ここに、持続可能でない社会がある。競い合うように生産しつづけ、湯水のごとく消費し、なくなればまた大量に作りつづける。より多くのものをより速くより効率的にというサイクルが幾度も繰り返され、その結果、私たちは、いま疲弊した地球社会を目の当たりにしていると言えよう。

自戒を込めて述べるが、持続不可能な社会という立ち行かない事実を前に、私たちは途方にくれ、ことの重大さに気づきつつも現在の生活レベルを維持し、見て見ぬ振りをしてきたのではないだろうか。

そして国際社会はここに来てようやく意思表明をするに至った。この先10年を持続可能な社会を実現させるための教育に取り組もう、と。周知のとおり、「持続可能な開発」に関する世界首脳会議（ヨハネスブルグ・サミット）において日本政府が提案した「持続可能な開発のための教育の10年」が２００２年の国連総会で採択され、２００５年から２０１４年までの10年間で実施される運びとなったのである。こうした国際的な潮流の中で「持続可能な

○ながた　よしゆき
1962年生まれ。国立教育政策研究所総括研究官。主な著書に『自由教育をとらえ直す／サマーヒルの実際から』『オルタナティブ教育／国際比較に見る21世紀の学校づくり』共編著『国際教育協力を志す人のために』ほか。フリースペースたまりば理事。

開発」と教育をテーマにしたプログラムが各国で推し進められている。

「持続可能な開発のための教育（以下、ＥＳＤと略記）」は従来の環境教育の枠組みを越えた、大きな概念である（ＤＥＳＤ推進会議 2004:5）。それが包括する領域、すなわち、環境、開発、人権、ジェンダー、国際理解、多文化共生、福祉などは、それぞれに教育課題を抱えており、おのおのの領域でＥＳＤをテーマにした活動に国際機関やＮＰＯなどが取り組みはじめている。

ＥＳＤは教育上のチャレンジであるから、ＮＰＯなどによる活動と並んで期されるのが学校での努力である。けれども、各校で右の諸領域すべてに取り組むことなど不可能であることは一目瞭然であり、それほどまでに広範な領域での取り組みはたとえ10年かけても至難の業であろうという見解がある。

このようなＥＳＤ悲観論に対して、学校現場では、右の諸領域のひとつを選び、「持続可能な開発」という視点を強調することもできる、と反論することもできよう。しかし、その場合、従来の環境教育や開発教育とＥＳＤはどこが異なるのか。わざわざ「10年」を設定してまで取り組むＥＳＤの存在証明が求められるのである。

では、単に視点を強調する程度の付け焼き刃的な対応ではなく、持続可能な社会を本気で創成するには、どうすればよいのか。

ひとつだけわかっていることがある。それは、持続不可能な社会形成を助長してきたのと同様の教育のあり方によっては、問題は解決され得ないということである[1]。

持続不可能な社会形成に作用してきた教育のあり方とは何か――次にこの問いについて、システム哲学理論の提唱者として知られる哲学者であり、未来学者であり、ブタペスト・クラブ創立者・会長でもあるアーヴィン・ラズロによる概念整理を援用しながら、考えてみたい[2]。

1　モダンの教育とポストモダンの教育

ラズロによれば、近代（モダン）の時代は過去のものになりつつあるが、そこで培われた価値や信念の体系はいまだに私たちの経済・社会・政治の基盤となっている（Laszlo 2004: 7）。そして近代を支配してきた価値観とは次のような信仰に取り憑かれているのである。

- 生き残るためには競争が不可欠である
- 国家が繁栄すれば個人の至福ももたらされる
- 社会の上層が富めば下層も豊かになる
- 女性よりも男性の方が優れている
- 市場に委ねれば社会は巧く機能する
- 人間は自然を制御できる
- 個々の人間は個別の存在である
- ものごとを進めるにあたり効率性が最も重要である
- 新しいものの方が古いものよりも優れている
- 自らの子ども世代のことを気遣ってもその次の世代に対しては無関心でよい
- すべてはお金に換算できる
- 自国は他国より重要である

右の価値観の多くは「いま・ここ」に限られた自己（自国）中心または強者中心的な発想にもとづくものであるだけに、次世代以降の地球社会に対するイマジネーションを欠き、徐々に私たちの社会を生きづらいものにしている。こうした現況を乗り越えるために、ラズロは「必要とされるポストモダンの世界観」を唱える。両者を対比すると、表1のようになる。

20世紀、人類は「モダンの世界観」をもって国家を建設し、社会を構築してきた。しかし、表1に示されるような世界観は少なからぬ問題を産み出してきた。近代化の結果もたらされた物資的豊かさは一部の先進国を除いた地域、すなわち、人類の4分の3が暮らす発展途上国には届いていない。その一方で、物質的豊かさを手に入れた先進諸国は公害や都市化などの問題に苦しんでいる。このようなアンバランスな状況が生まれ、双方ともに深刻な問題に直面している事態の背景に、「支配的なモダンの世界観」に示されるような、操作主義的なものごとの見方や人間への物象的な眼差しがあると言えよう。

表1　モダンの世界観とポストモダンの世界観

	支配的なモダンの世界観	必要とされるポストモダンの世界観
世界の成り立ち	原子的・断片的な事物と独立した個人としての人間。	共同体の中で織り成す事物と人間。ホリスティックで相互につながっている。
変化の過程	物質的・規定的、機械的。	有機的・相互交流的、ホリスティック。
オーガニックな機能	分離・分解でき、部分的な交換が可能。	互いに織り込まれ、相互関係をもち、物と物または物の間での交換は不可能。
社会全体のエートス	テクノロジー指向、商品ベース。	コミュニケーション指向、サービス・ベース。
社会的進歩のあり方	消費を通したリソースの転換。	適応を通したリソースのバランス。
経済のあり方	競争および利潤指向、搾取的。	情報指向、協力的。
人類のあり方	自然の支配、人間中心。	自然への同化、ガイア中心。
文化のあり方	欧米中心、植民地。	多元的共存。
政治のあり方	階層的な構造*、権力指向。	ホリスティックな構造*、調和指向。

出所：Laszlo (1994) p. 6 をもとに永田が作成。
訳注）*…原語は 'Hierarchical' と 'Holarchic'。ここではラズロ氏に語義を確認の上、永田が意訳した。

一方、ラズロが提示する「必要とされるポストモダンの世界観」は人間社会を有機的にとらえ、ホリスティックなプロセスを指向する。そこでは地球は慈しむべき生命体（ガイア）として見なされ、自然や他者の制御と支配ではなく、共存・共生が想い描かれているのである。

さて、教育の文脈では、どうであろう。意図されていたか否かは別として、結果として、持続不可能な社会形成とかかわってきた教育は、ラズロ（Laszlo 2005: 本書10頁に再掲）によれば、報酬を生むような生産的な仕事に役立つという意味での「有益な知識」を産み出してきた。これは歴史を通じて培われてきた知識であり、それを新たな世代に伝えることによって人類は有益な世界を再生産してきたと言える。表1の「支配的なモダンな世界観」の枠組みの中でこうした教育観も形成されてきたのである。[3]

上のような実益に直結した教育に対して、これからの時代に必要とされるのは「タイムリー・ウィズダム《いまこそ必要な知恵》」を創成するような教育である。従来の知識が「国内外の市場の目先の要求に応える知識」であったのに対し、タイムリー・ウィズダムは洞察力を備えた知恵であり、人類の「未来を見通した適応」の機能を担っている。伝統的な教育が教化《インドクトリネーション》という一方的な性格が強いのに対して、タイムリー・ウィズダムは「健全で自主的な判断力と、それにもとづき行動する想像力を育成するような教育」によってしか習得されない性質のものである。そのためには「操作主義的システムからホリスティックなシステムへ」「競争から和解と協調へ」というように、表1の「ポストモダンの世界観」と符合するような教育観への変容が不可欠となる。

たしかに、この変容は決して容易なプロセスではない。というのも、それは、いわば意識レベルの変容であるからだ。[4]通例の教育改革で行われる制度や財政の改変とは根幹を異にする変容であり、ここをこうすればこう変わるというような変革ではない。ここでは意識レベルの変容について考えるための鍵言葉としてスピリチュアリティ、それも地に足の着いたスピリチュアリティについて吟味したい。[5]先に述べたとおり、ＥＳＤを目指しながらもいつのまにか従来の教育に収斂してしまわないためにも、私たち一人ひとりの意識から変わらなくてはならないのであり、スピリチュアルな視座をもって学校教育のあり方を再考することが求められている。

2　ＥＳＤな学校教育：二つの実践例から

ここで、スピリチュアリティの課題を考える上で重要な二つの学校を取り上げたい。その実践例は、２００５年3月に国立教育政策研究所と文部科学省が共催した国際シンポジウム「『持続可能な開発』と21世紀の教育：未来の子どもたちのために、いま、私たちにできること」で招かれたイギリスとオーストラリアのパネリストがそれぞれの発表の際に紹介した学校である。両校とも、持続可能な社会の創成を可能にするためのヒントを与えてくれる好例であるが、ある意味で対照的であり、この点については後述する。

まずイギリスの代表的なＥＳＤの実践校として知られるクリスピン校を紹介したい。

(1)　ＥＳＤを標榜する公立学校

イギリスの開発教育協会の事務局長であるダグラス・ボーンは、「ＥＳＤに対応している学校の好例」として、サマセット州のストリートという人口1万人強の小さな街にあるクリスピン・スクール（Crispin School: 以下、クリスピン校）をあげている。[6] 同校は総合制中等学校《コンプリヘンシブスクール》と呼ばれる公立学校であり、市内とその周辺の田園地区から11～16歳の生徒が１１５０人ほど通っている。

右の数字から判断すれば、クリスピン校は典型的な大規模公立学校である。実際に訪問してみると、生徒の数と校舎の大きさに圧倒されるほどなのであるが、その教育実践の質の高さは自他ともに認めるところである。イギリスでは現在75校が「ビーコン・スクール（"Beacon School"＝船を導く灯台のように優秀な実践をもって進むべき道を示すような学校）」と称される優良校として政府に認定されているが、クリスピン校は１９９８年に全国で初の公認校となった。２００３年には政府が全国の１５０校を指定した「最先端の学校（"Leading Edge School"）」としても選ばれた。これらは、全国標準試験における生徒の成績が優れているからのみならず、以下に述べるような「持続可能な開発のための教育」での積極的な活動が認められた結果である。

クリスピン校ではＥＳＤが学校の基本方針として位置づけられ、四つの主要な教育目標の一つとして「生徒は持続可能な共有の未来に寄与できるような資質を習得しなければならない」と明示されている。そこには、「自然環境を尊重し、われわれが自然に依拠していることを理解する」という環境保全の目標のみならず、「物質的な生活水準以上のものを含んだクオリティ・オブ・ライフ（ＱＯＬ）の大切さを理解する」ということ、そして「他者の宗教・道徳・文化的価値を理解し、尊重する」ということ、さらに「人々が相互に依存し、他者の人生の豊かさ（well-being）をケアすることの重要さを理解する」というような人類の共生にかかわる目的が掲げられている。また、生徒のみならず、職員も「持続可能な共通の未来に生徒が寄与できるように育てる」ことが目標としてあげられている。ここでも「持続可能性の重要さを示すために、カリキュラムを横断する経験を提供すること」、「物質的豊かさの習得を超えた人間的価値を促進すること」、「他者の生活のありようや自分たち以外の世代への関心を高めること」などが掲げられている（Crispin School 2004: 2-3）。クリスピン校の実践は自然保全を目指すような環境教育を超えて、人類の多様性を尊重する社会正義を志向し、さらに物質主義ではない精神的な深まりをも目指す教育なのである。

右のような教育目標が各教科でどのように反映されているのかについて具体的に見てみよう。実際にクリスピン校で行われた試みをあげると次のようになる。

・数学では、教師と生徒がリサイクル材で作成したトンボ型の日時計を活用し、太陽の角度を観察する。これはケニアの姉妹校との協同プロジェクトとして位置づけられている。
・フランス語のクラスでは、生徒はフランス語圏諸国がどれほどに環境に影響を与えているかを示すエコロジカル・フットプリントという教材を活用する。
・美術では、廃材を利用した作品づくり（リサイクル・アート）をしたり、地元の開発教育センターが実施しているプロジェクトに参加したりするなど、広範囲にわたる活動が行われている。
・シティズンシップ教育の一環として、廃棄物の処理や健康の管理などの課題も取り上げられている。

クリスピン校では上のような正規のカリキュラム以外でもＥＳＤに力が入れられている。一例として、あるトピックを設けて、学習活動を集中的に行う特定の日である「テーマ・デイ」があげられる。これまでも「権利と責任について考える日」「世界の食糧について考える日」「国連について考える日」「世界の子どもについて考える日」など、さまざまなテーマが決められ、多様な活動が実践されてきたが、２００４年には「ＥＳＤの10年」を前に、おもに高学年の生徒を対象にした「ＥＳＤについて考える日」を設けることにした。当日は、上級生を中心に「クリスピン校が１００年先までも持続可能な学校であるためには、何が必要か」というテーマのもとに話し合いが行われた。また、ゴミ埋め立て処理場、藁の圧縮ブロックで建てた家、有機農場、再開発中の旧工場地帯などの地元のフィールドを生徒たちは自らの目で見て歩き、その調査結果を用いて持続可能な建築物、未来志向の設計、有機食品な

トンボ型日時計
なぜトンボ型か？　それは自然界から生まれた見事な形の現れであり、またヤゴからトンボへの有機的な成長の象徴でもあるからだという。

どをテーマにワークショップも開かれた。さらにケニアへのスタディーツアーやケニアの姉妹校の生徒を受け入れるプログラムもＥＳＤの一環として位置づけられている。

以上のように全校でＥＳＤに取り組むクリスピン校であるが、なにも設立当初からＥＳＤという標語を大上段に掲げていたわけではない。１９９０年代にさかのぼるが、財源不足に悩む大規模公立校であったクリスピン校は経費節約に迫られ、環境問題に取り組まざるを得なかった経緯がある。当初は学校をあげての節約運動からはじまった。たとえば美術のクラスでは作品を作る材料が予算不足で購入できなかったので、古切れや廃材をもって生徒は芸術作品を作った。その結果、彼らは環境問題にも興味を示すようになり、しだいに人権などの社会正義にかかわる分野にも関心の幅が広がっていったという。

このようにクリスピン校にとってＥＳＤは「必要は発明の母」だったわけであるが、モニカ・アルフレイ副校長は「ＥＳＤはどの公立校にとってもこの上ない指針」であることを主張する。

家庭が倫理を教える機能を失ってしまった現代社会において豊かな価値システムを築き、それを保持していく上で、ＥＳＤはこの上なく重要なコンセプトです。ある宗教を信仰する私立学校であれば一つの価値システムを教えることは容易いでしょうが、公立学校ではそれができません。そこでクリスピン校では、宗教校の信条と匹敵するほどに幅広く人類社会の倫理問題を包括する概念であるＥＳＤを学校指針として、掲げることにしたのです。

日本では、「心豊かなたくましい人間形成」というような教育目標を掲げている学校が多いが、ＥＳＤのように地球社会全体のこと、しかも次世代以降のことも念頭においた標語はイギリスでも珍しいといえる。しかし、伝統的なイギリス社会においても公立学校のモットーとしてESDを掲げることに対して賛同を得ることは決して困難ではないことをアルフレイ副校長は主張し、「今の世の中だけでなく、次世代に対しても責任をもつことを提唱するESDに誰が反対するでしょうか。ESDは現代社会に生きるすべての者にとって無視できない概念なのです」と、ESDの魅力を強調する。

4年ほど前、クリスピン校は、すべての教科にESDのエレメントを導入することを学校指針とした。そして校内の研修の5日間の日程のうち1日をESDのみに割り当て、教師一人ひとりが各自のクラスで何ができるのかを考えたという。そこでは何を教えるかではなく、いかに教えるかが重要であることが強調され、参加型の授業のあり方が検討された。このとき誕生したのが、先に例示したフランス語クラスでのエコロジカル・フットプリントを用いた環境問題研究などの、既存の教科へのESDの導入である。また、地元のNGOが作成している教材の活用も吟味された[7]。さらに、ESDのグッド・プラクティス（手本となるような実践）案を生徒や教師が想いついた場合、学校裁量の資金をもってそのアイデアを育んでいく方針も打ち出した。こうして生まれたのが、生徒主体のESD活動を促すための「グリーン・コミッティー」であり、無農薬のお菓子や紅茶を販売する学内の「グリーン・カフェ」である。

グリーン・コミッティーのメンバー

ESDを標榜するクリスピン校であるが、なにもESDという独立した教科やコースを新たに設けたわけではない。既存の教科体系の内外で持続可能な社会と未来について学習する多様なエレメントが学校生活全体に組み込まれているのであり、このことを可能にしているのは図1に示されるような

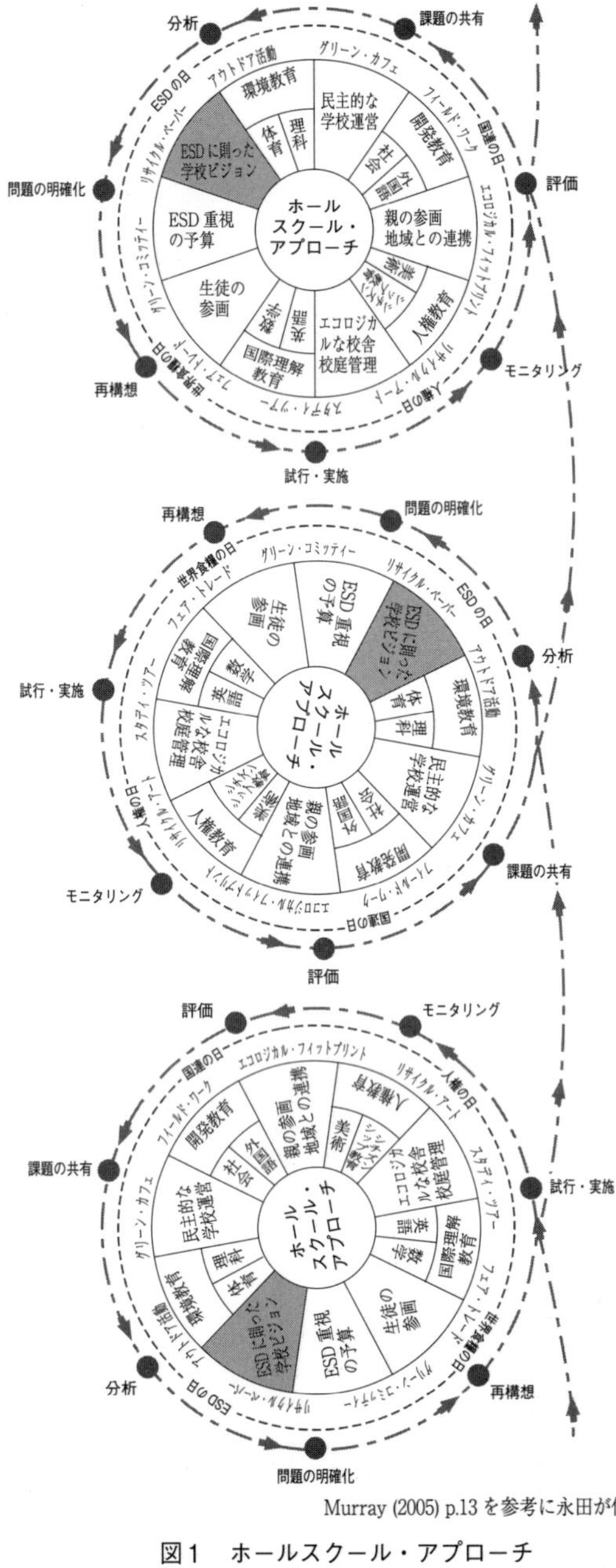

Murray (2005) p.13 を参考に永田が作成

図１　ホールスクール・アプローチ

ホールスクール・アプローチなのである。このアプローチにおいては、各教科でＥＳＤの視点が強調されるのみならず、学校の運営面でデモクラティックな視点が、財政面でリサイクルの視点が、校舎や校庭などの生活環境面でエコロジカルな視点が重視されるなど、学校生活にかかわる多様な側面が持続可能性とゆるやかに関連づけられる。そして常に自らの実践をＥＳＤに則ったビジョンと照らし合わせながら学校生活が営まれていくのである。また、このような個々の活動を相互に関連づけ、持続的な営みとしていくためにも、図示されているようなモニタリングや自己「評価」も日常の中で行われる。

こうした学習環境の中で、異国の他者や未来の地球と出あった生徒たちはそれぞれの関心事に没頭したり、他のトピックと結びつけたりするようになる。一方で教師はあらゆる場面で彼らの学びを支えられるようになり、教科の垣根を越えたプロジェクトも実現されやすい。

実は、筆者自身、クリスピン校を訪れ、自分の目で確かめるまでは、大規模な公立校、すなわち、表1の「モダンの世界観」をもっとも反映せざるを得ないシステム内で「ポストモダンの世界観」を志向するようなＥＳＤの試みなど不可能ではないかと決めつけていたところがあった。しかし、ＥＳＤの本格的な取り組みは公立学校でも決して実現不可能ではないということをクリスピン校の実践は示唆している。その意義は、モダンのシステムの制約の中にありながらも、従来の教科枠組みを超えてＥＳＤを実現しているところにあると言えよう。

木立の中から教室群が見える学園風景

(2)　ＥＳＤが内在するオルタナティブ・スクール

マウントバーカー・ウォルドルフ・スクール（Mt Barker Waldorf School: 以下、マウントバーカー校）は、オーストラリアで第5番目に多い人口を有するアデレイド市内から車で50分ほどの丘陵地帯にある。この学校は、旧オーストリア（現在のクロアチア）生まれの哲学者・思想家ルドルフ・シュタイナー（１８６１～１９２５）の教育観にもとづく独自の教育実践で知られるシュタイナー（ウォルドルフ）学校である。[8] 現在の生徒数は３７０人ほどであり、常勤および非常勤を含めて約40人のスタッフが働いている。

最近は日本でも知られるようになったシュタイナー教育は、知育のみならず、表現活動などの芸術を重んじた教育である。マウントバーカー校でも、高校生になるまでは、強いて言うなら「総合的学習の時間」のような科目の垣根を越えた学習が平日の午前中に行われる。高校段階ではフィールドワークや討論、舞台芸術に力を入れ、最終学年では生徒がみずから決めたテーマの卒業制作に向けて多くの時間と労力が費やされている。

7歳くらいまでは特に意志の基盤づくりを重んじた教育が、14歳くらいまでは感情の育成を重視した教育が、21歳くらいまでは思考力や判断力を育てることに力点をおいた教育が行われるというように、子どもの成長過程に配慮したカリキュラムが組まれている。精神の自由が大切にされ、知・情・意をバランスよく育てていくホリスティックなカリキュラムが実践されているのである。したがって、マウントバーカー校では、早期教育や詰め込み教育は行われず、人が生きていく上でのすべての活動や思考の「根っこ」となるスピリチュアリティがじっくりとはぐくまれていく。

先のシンポジウムでＥＳＤ「実践」校としてマウントバーカー校は紹介されているのであるが、実は同校にはＥＳＤを銘打った実践やプログラムはひとつもない。この点、ありとあらゆる場面でＥＳＤが強調されているクリスピン校と対照的である。そもそもマウントバーカー校はＥＳＤ実践校というよりも、地元ではシュタイナー学校として、または公教育一般とは異なる独自の教育を実践するオルタナティブ・スクールとして知られている。では、なぜＥＳＤ実践校として取り上げられているのか。ここでは前述の国際シンポジウムでのグラスビーの発表原稿をもとに、マウントバーカー校のＥＳＤらしさについて述べてみたい。

グラスビーは、マウントバーカー校では学校の校庭や校舎、カリキュラム、教師の人格などすべての環境にＥＳＤの精神が宿っているという。ＥＳＤは取って付けたようなプログラムではなく、あらゆる活動の本質にその価値を見出すことができるのである。

教育におけるこの理想（訳注：ＥＳＤ）の実践は、授業よりももっと多くのことがらを内包する。突き詰めていくと、私たちの生活と授業との一体化をも伴う。もし私たちが一人の教師として、教育機関として、または教育管理者として、教室での日々の持続可能性の手本となることができれば……学校組織や校舎のデザインまでもが持続可能性のイデオロギーを反映していれば……学校の大人たちによって手本が示されているような持続可能性の理念があれば……あるいは、教室で行われる授業内容が世界に対する不思議、畏敬の念、そして愛情を生み出すようなものであれば……そのとき、あらためて授業で持続可能性について教える必要はなくなる。持続可能性の価値は学校のエートスを通じて、子どもが入学したその日からはぐくまれることになるであろう（Glasby 2005: 64)。

２年生の教室にて聖書の一場面を描く教師

マウントバーカー校でＥＳＤらしさがよく見て取れるのが、先にふれたホリスティックなカリキュラムの他、自然と人とが適度に共存するキャンパスでの生活・学習環境である。学園には、ひとまとまりの校舎がなく、８万平方メートルという広大なキャンパスに10ほどの教室や学習施設が散在している。教室の周りにはユーカリの木々がそびえ立ち、オウムなどのオーストラリア大陸に棲息する色とりどりの鳥たちが飛び交う。

教室内には、シュタイナー学校独自の淡い壁色に包まれた空間が広がっている。黒板には鮮やかな色のチョークでギリシャ神話などの物語から有名な光景が教師によって描かれている。日本のように、教室内にテレビやビデオの機材は備え付けられておらず、機能的・利便的な空間というよりも審美的な空間に子どもたちは包まれて毎日を過ごす。

何にもましてマウントバーカー校のＥＳＤらしさを体現しているのは教師である。いくら教室の中で持続可能な社会の重要性を唱えようが、その教師自身が持続不可能な社会に加担するような生き方をしていては、子どものスピリットには何も伝わらない。この点、マウントバーカー校の教師の多くは自身がホリスティックな世界観をもって生きている。自らが出あっている自然界や人間社会の不思議さと生徒を出あわせ、彼らの心を揺さぶり、知的好奇心をくすぐることに長けている。決して生徒の人格を価値付けず、ありのままを受けとめ、見まもり、はぐくみ、そのときどきの可能性を見極め、導く。一方で、生徒は教師の愛情に包まれているという安心感を得、多様な世界と出あい、常に好奇心をもって探求する。[9]

先に引用したグラスビーの言葉、すなわち、「授業よりもっと多くのことがらを内包」しているということ、そして「生活と授業との一体化」ということが指すのは、右に示したように、ＥＳＤの本質とも言えるような価値観が教師を含めた学校という空間を構成するすべての要素に内在しているということなのである。

3　明示的なＥＳＤ実践校と暗示的なＥＳＤ実践校

クリスピン校とマウントバーカー校にはさまざまな違いが見られる。前者は公立校であり、後者は公費助成を受けてはいるものの、私立校である。表2に示すように、教師ひとり当たりの生徒数はクリスピン校の方が倍近くになる。また、親の学校運営への参加ではクリスピン校の方が積極的であり、地域社会を巻き込んだプログラムも同校の方が盛んである。これは公立学校であるクリスピン校に比べてマウントバーカー校の方が独自性、つまりシュタイナー独自の教育思想に則った実践色が強く、運営に関しては相応の専門性が求められていることと関係している。その他、生徒の年齢やカリキュラムなどさまざまな違いが見られるが、ここでは両校におけるESDのあり方の違いに注目してみたい。

ESDという切口で両校を比べてみると、きわめて対照であることがわかる。というのも、クリスピン校は明示的な実践校であり、マウントバーカー校は暗示的な実践校であるからだ。前者では、ESDが明確に目標として位置づけられ、多様なプログラムを通して実現しようとしている。たしかにクリスピン校にとってESDは必要に迫られてたどり着いた目標であるが、現在では、ESDを学校の指針として打ち出し、全校を挙げて推し進めている。一方、マウントバーカー校はとりたてて打ち出さなくても、どことなくESDらしさが内から生成され、ESDと呼ばれるにふさわしい実践が行

表2　クリスピン校とマウントバーカー校の諸特徴

	クリスピン校	マウントバーカー・ウォルドルフ校
法的地位	公立校（総合制中等学校）	私立校（独立学校）
生徒数（教師数*）	1150（68）人	366（40）人
教師一人当たりの生徒数	17人	9人
生徒の学年	11〜18歳	3〜18歳
カリキュラム	伝統的な科目による構成だが、横断的な学習活動を重視	知情意のホリスティックな発達を重視
財　源	公的助成（ただし募金等はあり）	公的助成＋授業料
生徒の家庭階層	中流階級と労働者階級が半々	中流が主だが、3割強が政府からの学費支援をうけている。
親（保護者）の参画	適宜（学校運営会議などに代表が出席）	適宜（原則的に学校運営には関わらない）
地域社会との関係	開かれており、地域のNPOや企業から日常的な協力がある。	開かれているが、日常レベルでの交流はない。
ESDの位置づけ	学校指針として明示	明示されていないが、その精神はあらゆる構成要素に内在

注）マウントバーカー校の各項目内容は、同校のパンフレットや保護者向けに毎週出されるWaldorf Weeklyからまとめた。
＊…非常勤職員も含む。

われている。建物からキャンパス、カリキュラム、教師集団に至るまで、マウントバーカー校を構成するすべてのエレメントにＥＳＤが内在しており、「必要とされるポストモダンの世界観」に則るかのごとく、結果として立ち現われている。マウントバーカー校は「ＥＳＤとして在る」といってよいくらいにＥＳＤのスピリットが血肉となって「場」に宿っているのである。

「明示的なＥＳＤの実践」と「暗示的なＥＳＤの実践」とは、グラスビーの言うところの、学習における「明示的な経験」と「暗示的な経験」とパラレルな関係にある（Glasby 2005: 66）。前者は、授業の中で教えられ、評価されるような知識の獲得を指す。後者は、生徒自身の経験を通りぬけて生み出されるような知恵の習得を指す。そうした知恵のあり方として、不思議に思う気持ち、畏敬の念、想像力、洞察力、インスピレーションがあげられる。これらは知識を伝達することによって教えられるものではなく、客観的な評価もできない。しかし、長期的に見ると、社会変容をもたらすほどに重要な教育成果となるのは「暗示的な経験」の方であるという。

マウントバーカー校では、明示的と暗示的な経験の双方が重んじられているが、グラスビー（Glasby 2005: 65）は次のようにＥＳＤを明示的に教えることにのみ依拠する教育のあり方に警鐘を鳴らしている。

> 生徒に深刻な問題に触れさせることが、環境教育の方法であると提言する場合、次のことを真摯に問いかけなければならない。つまり、こうした方法をとることにより、生徒が、破壊的状況を自らの意思で改善できる立場にないまま、それらの出来事に慣れてしまい、ある種の無関心を助長してしまうのではないか、ということである。

現代の地球社会の直面する「破壊的状況」について子どもの発達段階を踏まえず、情報を与え、知識を獲得させようとすると、ＥＳＤは逆効果になり得る。このことは、明示的なＥＳＤの実践の陥穽であり、ＥＳＤには暗示的な経験を通してじっくりと養われるような感情や意志の礎が求められるのである。

続けて、グラスビーのいま一つのＥＳＤに対する想いに耳を傾けてみよう。

最もよい学習方法とは、持続可能性の生きた手本に（中略）囲まれることである。そのためには統合された、かつホリスティックなアプローチが必要である。それは、まず教師がこうした価値観を自分自身の生活に取り込み、そして教育機関が建築や学校環境、運営体制、子どもの発達の三段階（引用者注：詳しくは Glasby 2005: 65 を参照）に即したカリキュラム開発に注意を払うこと、からスタートする。

ＥＳＤにとって重要な課題がグラスビーの言葉から読み取ることができる。どんなに懸命に環境や人権の重要性を教えようとも、学校の生活・学習環境じたいが環境教育や人権教育で強調される自然や他者への想像力をはぐくむような在り方でなければ、ＥＳＤの目指すところの意識変容はなかなか実現されない。

グラスビーは、そうした環境として最も大切なのが教師であることを自らの教師体験を通してはっきりと自覚している。そして子どもたちと日々接する教師自身がＥＳＤの価値観を「自分自身の生活に取り込み」、内面化し、「持続可能性の生きた手本」として存在しているのであれば、ＥＳＤを取りたてて教える必要すらなくなるとまで言う。

学校活動全体にＥＳＤが内在化されているような環境で幼少期から12年間という歳月をかけて育つマウントバーカー校の生徒は、実際に、スピリチュルなレベルにまでＥＳＤに則った素養を自らのものにしており、「ある種の無関心が助長」されるようなことは決してない。特に上級生になると環境や人権に対する高い意識をもつようにな

難民収容センターで蝋燭に火をともす生徒たち（アデレイド・アドバタイザー紙（2004 年 5 月 29 日）の記事）

る生徒は少なくないのである。この点についてグラスビー（2005: 65）は、学校が「持続可能な開発」の原則を内在化すれば、子どもが世の中の問題に対して何か行動を起こすような年齢になるときに、それまで無意識のレベルで培われていたものが意識のレベルに引き出される、と述べている。

このことを実感させるようなマウントバーカー校の在校生の行動が地元紙で報じられたことがある（Adelaide Advertiser 2004）。２００４年、オーストラリアは難民受け入れに対して厳しい制約を設けようとする保守政権が、新たな難民を難民収容センターに強制的に収容し、人権侵害とも指摘されるほどのセンターの処遇が社会問題となっていた。そして、こうした措置に疑問をもったマウントバーカー校の上級生８人のグループが実際に収容センターを訪れ、同い年の難民にインタビューを行い、キャンドルを片手に人権擁護の必要性を訴えたのである。この行動は「同じ土地に居ながら引き離される世界の若人」として地元紙にも掲載された。

訪問した生徒の一人は「（この経験を通して）気づいたことは、（世の中で）間違ったことが行われているのに、それに対して文句を言いながら座っているだけではなく、願わくは何かポジティブなことをして現状についてもっと学ぶことができるんだということである」と述べている。訪問の後、彼らの知見は報告会や仲間とのディスカッションを通してさらに深められたと聞く。

右の例は一例に過ぎず、カンボジアやエチオピアなどの発展途上国に赴き、学校や医療センターの建築に従事したりするなど、福祉や人権、環境などに関心を示し、実際に行動するマウントバーカー校の在学生や卒業生は少なくない。正義感を強くもつマウントバーカー校の生徒であるが、彼らの態度は驚くほどに自然体である。とくに上級生の特徴として、強い知的好奇心のみならず、気負わないこと、頭でっかちにならないこと、感情に走らないことが指摘されることがあるが、このことは筆者がマウントバーカー校に約10ヵ月にわたり訪問し、ことあるごとに在校生や卒業生にインタビューを行った結果、得た印象とも重なる。こうしたバランスのとれた成長は、幼児期からじっくりとスピリチュアルなレベルではぐくまれるような学習環境と無関係ではない。

一般には、スピリチュルな教育などと言うと、現世離れした精神世界にこもり、世の中のリアリティとは無縁の教育を思い浮かべるかもしれないが、マウントバーカー校にはその対極とも言えるような教育成果が見られる。人権や環境問題に対しては豊かな感性をもって臨み、行動するに際して肝も据わっている。[10]

4　ＥＳＤの礎としてのスピリチュアリティ

ここでＥＳＤの代表的な構成図をいくつか見てみたい。図２は先述の国際シンポジウムでのボーンによるＥＳＤ観にもとづく。そこでは従来の環境教育と開発教育との融合によりＥＳＤが成り立っている。ＥＳＤを国を挙げて推進しようとしているイギリス政府の見解にもＥＳＤはもともと環境教育と開発教育とから成立したと説明されている（OFSTED 2003）。またユネスコ（UNESCO 2002）も持続可能な開発と深くかかわる教育として、市民教育や保健教育（ＨＩＶ／エイズ教育など）、ジェンダー教育、人口教育などを位置づけており、ＥＳＤを複合領域としてとらえている（同様の構想を描いた概念図として本書１０１頁の図1を参照）。

いずれの図もＥＳＤを複合的もしくは統合的な領域として捉えている。これらと

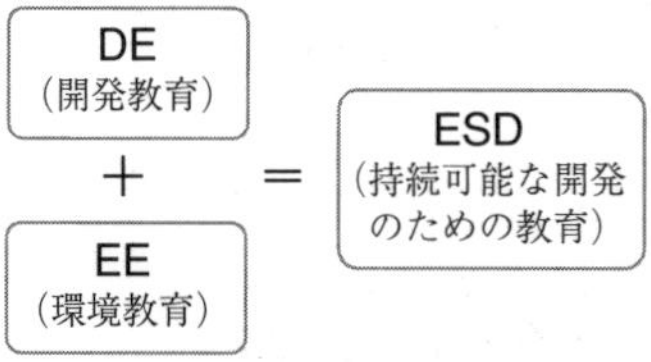

図２　ボーンによるESD図
出所：Boum (2005) p.56

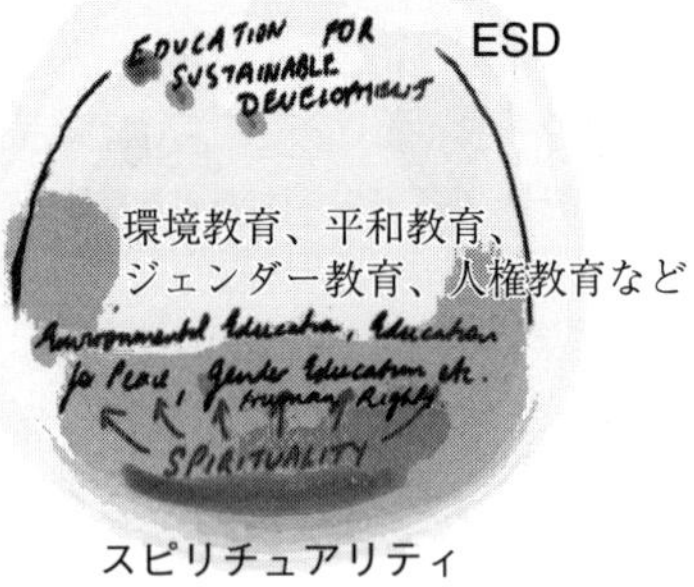

図３　グラスビーによるESD図
出所：Glasby (2005) p.75

一線を画すともいえるイメージがグラスビーによる図３である。

上部に手書きで記された英語はＥＳＤであり、それが包括する概念として、環境教育や平和教育、ジェンダー教育、人権教育などがある。そしてそれらを根底から支えているのがスピリチュアリティであり、上への矢印が示唆するように、すべての礎となっている。グラスビー（Glasby 2005: 64）はこの構図に関連して次のように述べている。

ＥＳＤのためのあらゆる教育テーマは、相互共存《インタービーイング》が何らかの形で起きるかどうかにかかっている。なぜならば、人権についての知識を教えるにしても、魂の奥深くに他者を思いやる気持ちを抱かせ、人権の本質を重んじるような、相応の変化が人間の内に起こらなければ何の価値もないからである。同じことが環境教育にも言える。環境に関する知識を文書として著すにしても、子どもたちが身の回りの自然界や人間社会を慈しみ、尊重するような基本的変化に向けて取り組むものであって初めて価値あるものとなるのである。

ここで言う「相互共存《インタービーイング》」とは、社会の中で絆を失った空虚な近代的自我が、スピリチュアルなレベルで相互につながり、ふたたび創造していくような状態を言う[11]。グラスビーの言うように、知識のみならず、人間存在の根っこ（魂の奥深く）の部分、つまりスピリチュアルなレベルで他者を慈しみ、自然を愛でるような環境で子どもが育つのであれば、極論に聞こえるかもしれないが、取りたてて環境教育や開発教育、人権教育などを行う必要性はなくなるであろう[12]。

しかし、このことは言うは易し、行うは難しである。はたしてマウントバーカー校のような地に足の着いたスピリチュアルな実践が一般の学校でも可能なのであろうか。グラスビーが描くような図3を実際に具現化するとすれば、教師、建物、カリキュラム、学校運営の指針など、学校教育を成すすべてのエレメントがスピリチュアルなレベルで再考されなくてはならない。

そのとき私たちが直面するのは大半の子どもが学校で過ごす時間的・空間的制約という現実の壁である。一般の公立学校の環境は建物にしても教室にしても「手造り」とはほど遠く、伝統的な科目から成るカリキュラムはホリスティックとは呼び難い。教員養成のあり方も「モダンの世界観」を多分に帯びていると言えよう。マウントバーカー校のような環境は大半の日本の教師の目にはあまりに理想的に映ると言ってよい。心ある教師がスピリチュアルなレベルでESDを実践しようとすればするほど、あらゆる現実的な制約の中での葛藤に苦しんでしまうのではないだろうか。

しかし、必ずしも悲観的にならなくてもよいと私は考えている。クリスピン校のような実践例が私たちに方向性を示してくれるからである。クリスピン校では、マウントバーカー校のように大半の生徒の態度がESDの志向するような価値観を共有しているわけではないが、「ESDマインド」をもつ生徒の割合は決して少なくない。実際、どれだけの生徒が持続可能性を意識して日常生活を営んでいるのか幾人かのスタッフに尋ねてみたことがある。

モニカ・アルフレイ副校長によれば、ESDの理念に同意しつつも実際にかかわらないタイプの生徒が5割、ESDに対する意識をもち、関連の活動にいつでも参加する心の準備ができているタイプの生徒が2割半。そして残りの2割半はESDのような活動には消極的なタイプであるという。ESDプログラム全体を担当する教師であるポーラ・スコイレス先生によれば、グリーン・コミッティーに参画して活動しているような相当に高い意識をもつ生徒は1割であり、さらに1割が関心は高いが自らの問題意識を行動に移すまでには至っていないタイプであると

「詩と彫刻」をテーマにESDプロジェクトの一環として生徒が制作した「意味を求める椅子」の横に立つホーシャム先生。「椅子」は地元のスポーツ用品会社の助成金をもとに作成された。

いう。また学校で最も長くESD活動に取り組む美術教師であるリチャード・ホーシャム先生は次のように語っている。「8割ほどの生徒はなんとなく意識をもっています。その中の4～5割はすでにESDの重要さについてのある程度の知識と高い意識をもっています。さらに、持続可能な社会についての知識をもっていることにとどまらず、確固たる意識をもってどのような手段で行動すべきかを心得ているのは1～2割です」。

これらの教師らの見解を聴くと、クリスピン校で「ESDマインド」をもつ生徒の割合は1150人中1～2割程度、すなわち100～200人ほどであることが予想される。この数を多いと捉えるか少ないと捉えるかは議論が分かれるかもしれないが、要は生徒数の多寡ではない。そのような生徒が少数派でも持続的に存在するということが重要なのである。

クリスピン校の財務責任者であるデイブ・ハリス氏の言葉は傾聴に値する。長年、同校でのESD活動にかかわってきた氏はその経験から次のように述べる。「公立学校で大切なのは、まず少数の生徒から始まることです。あとは一人でも彼らの聞き役となる教師が側にいて、支えとなれば、ESDは学校文化の一部として根づいていきます」。

クリスピン校には、右に引用した教師らのように、ESDの志向する価値観との「出あい」をもたらすようなキーパースンがいく人か存在する。彼らは特段にESDの専門家というわけではないが、生徒の声に耳を傾け、ESDに則った価値観を内に宿した大人である。筆者が出会ったホーシャム先生などは、まさにグラスビーの言うところの「(ESDの)価値観を自分自身の生活に取り込」んでいる教師である。彼の生き方に影響され、「ESDマインド」が醸成された生徒や卒業生は少なくないという。

5　ホールスクール・アプローチ、そしてスピリチュアルな深化へ

「ＥＳＤの10年」がはじまり、各国でさまざまな試みが行われるようになった。そんな中、表1の「モダンな世界観」に学校教育の制度が依拠する一方で、ＥＳＤのプログラムだけが「ポストモダンな世界観」に則っているという歪な構造が浮き彫りにされつつある。学校教育が構造的にモダンの特性を帯びている以上、ＥＳＤの推進は決して容易いことではないと言えよう。

また、近年、国際競争に打ち勝つことが目的かのような掛け声のもとに、学力向上のための試験が全国や自治体レベルで導入されるようになったが、そのような施策の中で競争よりも共生と協働を重んじるＥＳＤの文化をいかにして護り、継承していくかも「10年」の大きな課題である。

この点、クリスピン校の実践は、とかく制約の多い公立の大規模校でもＥＳＤの実践が可能であることを示唆しており、それを可能にしているメカニズムの解明は重要である。クリスピン校のような実践が他校でも広がることを念頭に置いて、ボーン（Bourn 2005: 52）は次の点を指摘している[13]。

- 学校の目標、価値観、理念としてＥＳＤが重視されている。
- 管理職レベルでＥＳＤに対して責任をもって取り組んでいる。
- 生徒のＥＳＤに対する活動を教師が熱意をもって後押ししている。

もちろん、こうした学校レベルでの努力が成果として実る背景には、国を挙げてＥＳＤを推進しようとしているイギリスの教育界の順境がある。政府のバックアップのもとに、ＥＳＤを理念として標榜する学校は、その理念を

まず校長から支持し、教師も持続可能な社会に向けた学習に没頭できるような環境をもっている。

いろいろな制約の伴う大規模公立校といえども、ＥＳＤへの想いをもった教師に共感する教師が少しずつ増え、さらにこれらの教師と共振する生徒に相応の時間と空間を与えることを可能にしているのは、このような政策レベルの支援と同時に、全学校でＥＳＤに取り組むようなホールスクール・アプローチである。

冒頭に、「従来の環境教育や開発教育とＥＳＤはどこが異なるのか。わざわざ「10年」を設定して取り組まれるＥＳＤの存在証明が求められる」と述べ、ＥＳＤの真義について問いかけた。筆者自身は、ＥＳＤの「10年」を世直しのための契機として捉えている[14]。学校教育のあり方の変容、ひいては社会の意識変容を射程に入れるのであれば、「10年」というスパンは妥当な時間の長さなのではないだろうか。その間に、クリスピン校のようなホールスクール・アプローチを採用する学校が増えることを願うばかりである。そうした学校では、さまざまなレベルで豊かな「出あい」が生まれ、スピリチュアリティがはぐくまれるだけの時間と空間もより保証される。

たしかにＥＳＤが学校文化として醸成されるには、それなりの時間を要するが、クリスピン校のある職員が語ったように、１～２割の生徒が熱心になれば、あとは「しめたもの」なのかもしれない。ただし、先に指摘した「明示的な経験」の陥穽にはまらないように心したい。そして、私たち一人ひとりに課せられた次なるチャレンジはスピリチュアルなレベルでの深化、すなわち私たち自身が「持続可能性の手本となること」である。こちらの方は、それこそ持続的に考えていくべき課題と言えよう。

注

（1）同様の見解はオーストラリアを中心にＥＳＤを推進するＪ・フィエンの論考にも見られる（Fien 2005: 9）。

（2）同クラブの詳細については、同クラブのＵＲＬ（http://www.clubofbudapest.org）を参照。

（3）従来の教育のあり方が持続不可能な社会形成に加担してきたと見なす論考については、例えば Orr 1992 を参照。
（4）ＥＳＤを意識レベルでの変容の機会として捉えた拙論として、永田２００５ｄがある。
（5）後に引用するマウントバーカー校の教師であるピーター・グラスビーは物質主義の席巻する現代社会におけるスピリチュアリティの重要性について伝統的な宗教教育と分けた上で説明している。そして、「現代に生きる若者を非物質主義的な価値に向かって方向づける」ことの重要性を唱える（Glasby 2005: 62）。スピリチュアリティの意味そのものの検討については、西平２００３を参照。
（6）以下、クリスピン校についての叙述は Bourn 2005 および２００５年10月に行った筆者による同校での参与観察と収集資料からのものである。
（7）実際にクリスピン校が用いている教材については、次のＵＲＬ（http://www.wwflearning.org.uk）を参照。
（8）現在、世界中で９００を越えると言われるシュタイナー学校であるが、オーストラリアでは約50校が運営されている（永田２００５ｃ）。
（9）この他にもさまざまな特徴がＥＳＤと重なるが、紙幅の関係上、省略する。詳しくは、永田２００５ａを参照されたい。
（10）こうしたマウントバーカー校の生徒および卒業生の独特の行動を伴った「知」は、自ら問い続け、生涯にわたり学ぶことそのものを享受するような知的好奇心がベースとなっている。詳しくは、永田２００５ｂを参照。
（11）グラスビーは「インタービーイング」をティック・ナット・ハンの言葉から引用している（Glasby 2005: 63）。ハンの代表的な邦訳書としてはティック・ナット・ハン１９９５および２００５を参照。
（12）近年、次のような指摘が見られるようになったことは興味深い。つまり、開発教育のさらなる成熟にとってスピリチュアリティとの関係性を探究することが重要であるという指摘である（例えば、神仁２００５）。こうした指摘に呼応するかのように、開発教育協会などが２００６年より「こころの開発・宗教・地球市民」という、宗教とＮＧＯ・ＮＰＯのボランタリズムについて考える連続講座を催すなど、今後も様々な探求が行われていくものと思われる。
（13）ボーン（Bourn 2005）は、ＥＳＤを全国レベルの施策としていち早く導入したイギリスにおいて、教育水準監査院（ＯＦＳＴＥＤ）が20校ほどを対象にＥＳＤ関連の施策の反映状況について調査した報告（２００３年９月）にも言及している。調査の結果、ＥＳＤ実践校に共通する顕著な特徴が明らかにされている。さらにこの報告ではＥＳＤを自己診断できるようなチェックリストも提示されている。詳しくは、http://www.ofsted.gov.uk 。翻訳については、国立教育政策研究所２００５、50頁を参照。
（14）同様に、ＥＳＤを世直しもしくは市民の意識改革として捉えた見解については、有馬２００５および池田２００５を参照されたい。

参考文献

有馬朗人（2005）「『持続可能な開発』への学び：まず隗より始めよう」『ユネスコ』日本ユネスコ協会連盟、2–4頁

池田満之（2005）「持続可能な開発のための教育の10年：地域から世界へ、『世直し教育改革』の展望」『国際理解36号』帝塚山学院大学国際理解研究所、53–55頁

神仁（2005）「オルタナティブ教育入門（I）開発教育」『ぴっぱら』（2005年10月号）全国青少年教化協議会

国立教育政策研究所（2005）『持続可能な開発と21世紀の教育：未来の子ども達のために、今、私たちにできること—教育のパラダイム転換—』

「持続可能な開発のための教育の10年（DESD）」推進会議『ESD-J活動報告書：「国連持続可能な開発のための教育の10年」への助走』DESD推進会議

ティック・ナット・ハン（1995）『マインドフルの奇跡—今ここにほほえむ：からだの冒険こころの冒険』壮神社

――（2005）『禅的生活のすすめ』塩原通緒訳、アスペクト

永田佳之（2005a）『オルタナティブ教育：国際比較に見る21世紀の学校づくり』新評論

――（2005b）「教育とセレンディピティ：オーストラリアのシュタイナー学校に見る豊かな〈学力〉」『教育展望』教育調査研究所

――（2005c）「広まるシュタイナー学校群—48校に7000人が学ぶ— オーストラリア」『内外教育』（第5561号）、時事通信社、6–8頁

――（2005d）「『持続可能な開発のための教育』の真義とは：国際シンポジウムからの示唆」『国際理解36号』帝塚山学院大学国際理解研究所、48–50頁

西平直（2003）「スピリチュアリティの位相：『教育におけるスピリチュアリティ問題』のために」皇紀夫編著『臨床教育学の生成』玉川大学出版部、206–232頁

山田かおり編（2003）『持続可能な開発のための学び』（別冊［開発教育］）、開発教育協会

ユネスコ（2004）『持続可能な未来のための指導と学習』立教大学東アジア地域環境問題研究所ほか（UNESCO. *Teaching and Learning for a Sustainable Future*. 2002）

Adelaide Advertiser (2004) 'Youth worlds apart in the same land' 29 May 2004.

Bourn, Douglas (2005) 'The Challenge of the Decade for Education for Sustainable Development—Education for Sustainable Development and Global Citizenship—The UK Perspective' In *Sustainable Development and Education for the 21st Century*. NIER. 2005, pp. 45-59.

Fien, John (2005) 'Vision into the Future: Learning and Teaching for Sustainable Development' In *SangSaeng* No.12, Spring 2005. APCEIU (Asia-Pacific Centre of Education for International Understanding). pp. 7-10.

Glasby, Peter (2005) 'The Relationship between Spirituality and Education for Sustainable Development (ESD)' In *Sustainable Development and Education for the 21st Century*. NIER. 2005. pp. 61-83

Murray, Steve (2005) *Education for Sustainable Development in Namibia*. IBIS.

Laszlo, Ervin (1994) *Vision 2020: Reordering Chaos for Global Survival*. Routledge.

—— (2005) 'Inspiring Timely Wisdom: A Crucial Task of Contemporary Education' In *Sustainable Development and Education for the 21st Century*. NIER. 2005 pp. 5-20.

NIER (National Institute for Educational Policy Research of Japan) (2005) *Sustainable Development and Education for the 21st Century: What We Can Do Now for the Children of the Future—An Educational Paradigm Shift—*. NIER.

OFSTED (Office for Standards in Education) (2003) Taking the First Step forward ... Towards an education for sustainable development: Good Practice in Primary and Secondary Schools). または以下を参照 (http://www.ofsted.gov.uk)。

Orr David (1992) *Ecological Literacy: Education and the Transition to a Postmodern World*, State University of New York.

—— (2004) *Earth in Mind: On Education, Environment, and the Human Prospect*, Island Press.

QCA (Qualifications and Curriculum Authority) によるＥＳＤのＵＲＬ： http://www.nc.uk.net/esd/index.html

ESD国際シンポジウムより

創造の御業は無限遠のかなたから

佐藤　雅史

○さとう　まさし
1961年東京生まれ。教育の多様性の会。人智学・アントロポゾフィーを広く社会に紹介するフォーラム・スリーで企画・編集を担当。横浜の幼児と母親の学びの場、竹の子の会教師。
http://www.forum3.com/

超面白かった、教育改革シンポ

教育改革シンポ、や～っ、面白かったです。文科省の看板で、あんな面白いシンポやっちゃっていいの？

「持続可能な開発」をどのように教育にリンクするかというテーマをめぐって、個性豊かなパネリストが勢揃い。まず、未来学者アーヴィン・ラズロさんが、カオス理論を応用したぶっとび系未来予測。「君たち、努力すれば未来は天国、そうじゃなきゃ地獄行きだよ」と、カオス版「天国と地獄」という感じでいきなり発破をかけられました。うひゃ～、これからどうなるんだろうと固唾を呑んで見守っていると、第2弾は、ユーモアたっぷりのビクター・マイヤーさん（地球科学）の、科学屋さん的正当派実践レポートでちょっとひと心地つきました。お次の第3弾は、英国開発教育協会のダグラス・ボーンさん。マイク無用のよく通るお声で、政策的な観点から、ユネスコのプロジェクトが現場に浸透していくにあたっての問題点と現状報告を格調高く演説して下さいました。そして第4弾。オーストラリアのぶっちゃけヴァルドルフ教師ピーター・グラスビーさんの語りは熱かった。「ただ環境教育やってもだめ。それを受けとめられる心と精神（スピリチュアリティ）がなければなんにもならないよ」という趣旨なんだけど、途中から三角測量と射影幾何学の話題が図解入りで延々と続き、もしかしたら多くの参加者の心に「なぜだ。なぜ幾何学なんだ？」という謎を残したかも。

第2部の国立教育政策研究所の五島政一さんを加えたパネルディスカッションも、とかく高尚になりがちなテーマを徹底的に日本の現場の問題に引きずり降ろす、という五島さんの気迫はなかなかのものでした。そんなこんなで、方法論（ビクター・マイヤー）vs政策論（ダグラス・ボーン）vs現場主義（ピーター・グラスビー&五島政一）の三つどもえ。ピーターさんと五島さんもビミョウに立場がずれているので、それをまとめる司会の吉田敦彦さんも苦戦されたようです。吉田さんはそうなることを予想されていたらしく、「本当は、『国連・持続可能な開発のための教育の10年』とは言っても、政策レベルから現場までの間にはいくつものレイヤーがあって、それぞれのずれをどう合わせていくかがとても大変なんだ、というところに落としたかったんですが、その時間もなくってね…」と汗を拭かれてました。本当にご苦労さまでした。

開発教育に不可欠な真のスピリチュアリティ

そんなシンポジウムのなかでもとくに光っていたのは、やはりオーストラリアのピーターさんだったと思います。

シンポジウムの会場で配られた資料に、「インド生まれのオーストラリア・ヴァルドルフ教師」という彼のプロフィールがあり、「スピリチュアリティと『持続可能な開発のための教育』」という演題のイメージから、私のなかに一瞬、ふわふわとした瞑想的な人物像が浮かびました。けれども、壇上に現れたピーターさんはそのイメージを覆す、しっかりと地に足のついた、それでいながら静かな情熱を放射してくる〝クロコダイル・ダンディー〟でした。

短い持ち時間を意識して早口に語る彼の一言一言のなかに、子どもというリアルな存在にしっかりとフォーカスをあわせ、「持続可能な開発のための教育」というス

ローガンや政治的理想論に引きずられない、実践にもとづいた〝真実〟が込められているという印象が伝わってきます。そして、度肝を抜かれたのが、講演時間の3分の2ほども続いたかと思われる三角測量と射影幾何学の話でした。「スピリチュアリティっつーても、ふわふわしたもんやおまへんで」というところをこんなかたちで見せてくれるとは、いやはや脱帽です。ピーターさん、ガッツが入ってます。

　では、子どもたちを大地に結びつける三角測量は理解できるとして、なぜ幾何学なのでしょうか？　私はもともと数学とは縁遠い人間なのですが、以前に受講した射影幾何学の講座での体験からその謎解きができるかもしれません。

射影幾何学と無限遠

射影幾何学は、ルネサンスに始まる透視図法の研究から基礎づけられた幾何学体系で、数学的には私たちが学校でなじんだユークリッド幾何学のお袋さんのような関係にあります。私たちが知っているユークリッド幾何学は、多くの〝不完全さ〟をもつ幾何学です。たとえば、「同じ平面上の二つの直線はただひとつの交点を有する」わけですが、これが成立するにはひとつの条件があります。「ただし、二つの直線が平行でない場合に」という条件です。

　当たり前じゃないか、と思われるでしょうか。しかし、どんな場合にも2直線が交わる、ただし書きが一切必要ない幾何学空間があったら、それはとてもシンメトリカルで調和の

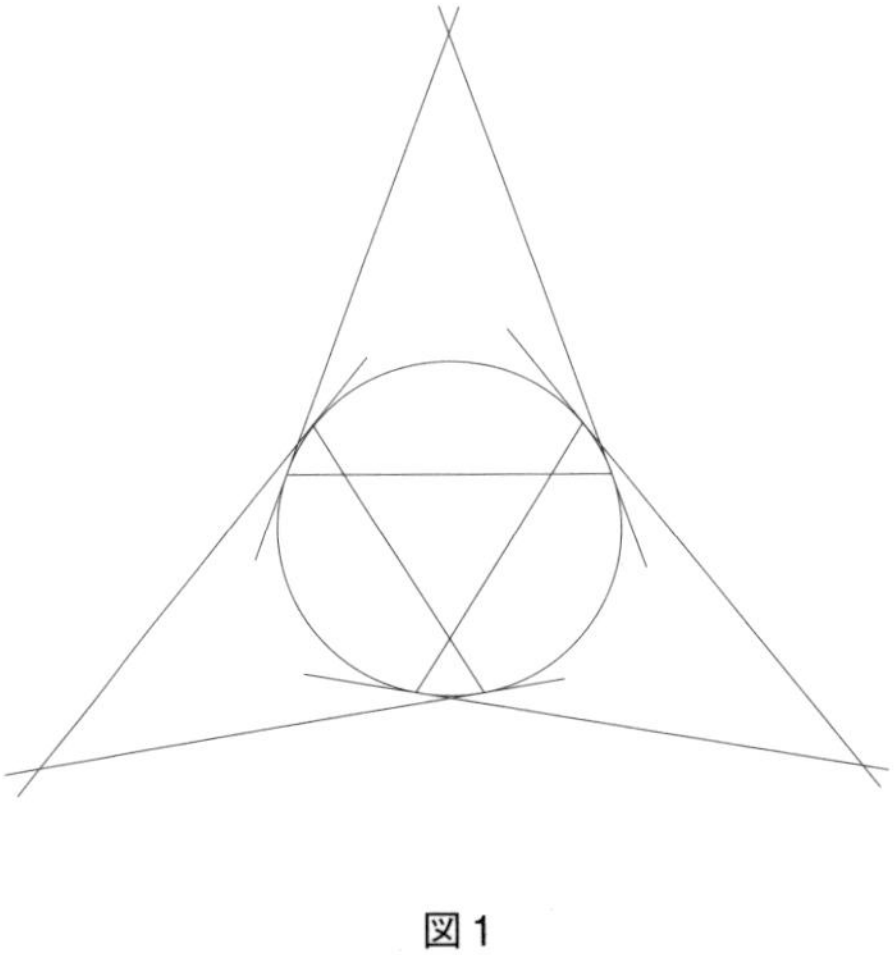

図1
円の外側の三点をどこまでも中心から遠ざけていくと…。

とれた世界ではないでしょうか。そんな空間が射影空間であり、その射影空間を扱う幾何学が射影幾何学です。

ユークリッド幾何学はさまざまな〝例外〟を内包した幾何学ですが、その不完全さを生み出している原因は、無限遠という理念を体系のなかから閉め出したことにあります。無限遠については考えることを放棄していると言ってもいいかもしれません。平行な2直線の無限に延長された先は闇のなかに沈んでいて見ることができない。そこがどうなっているのかわからないのだから、公理の例外として扱えばよい。そんな態度がユークリッド幾何学の前提にあるようです。

では、次のような簡単な製図をしてみましょう。一定の大きさをもつ円の外側に適当な3点をとり、その3点から円周の両側にそれぞれ接線を引きます。各点に対応する円周上の接点を図1のようにそれぞれ線で結ぶと、円の内側に小さな三角形ができます。外側の点を自分のイメージのなかで適当に動かしてやると、外側の3点と内側の三角形の三つの頂点には対応関係があることがおわかりになるでしょう。では、外側の3点がそれぞれ円の中心から遠ざかる方向に動いていく様子をイメージしてください。外側の点から円周に伸びる2本セットの接線の関係は次第に平行に近づいてゆき、内側の三角形はどんどん小さくなっていくはずです。では、外側の点が無限遠に達したとしたら、いったい何が起きるでしょうか?

そのとき、各点に対応する2本の接線は完全な平行になっているはずです。ユークリッド的には、その平行線の延長上に点は存在しないことになります。しかしそれでは、私たちが引き連れて行ったはずの外側の点たちはいったいどこに行ってしまったのでしょうか。円の内側には、依然として外側の点に対応する点が存在し続けています。先ほど私たちがイメージのなかで確かめた、外と内の点の呼応関係はどうなってしまったのでしょうか！　この矛盾を射影幾何学は見事に解消してくれます。射影空間においては、ある線に対して平行なあらゆる線は、無限遠上でただひとつの点になるのです。つまり、平行線は無限遠点上で交わることになります。そして、無限遠点上で交わった線は、反対方向の無限のかなたからふたたび帰ってくるのです！

自然界の創造力と出会う

　ここで重要なのは、無限に対する考え方です。「平行線が無限遠で交わる」と言われると、ユークリッドの世界に慣れてしまった私たちは、平行な2線が無限遠に近づくにつれてだんだん接近していき…、というイメージを抱きがちです。しかし、有限空間のなかでは、平行な2線はあくまでも一定の距離を保ち続けなければいけないことを忘れてはなりません。平行線が無限遠点に至った〝瞬間〟に、2線は突如として交わっている！のです。

　実際に製図しながらこのことに気づいたときの衝撃を、私は忘れることができません。無限は有限の延長ではなく、まったく特異な場なのだ。それを自分の理性が把握した瞬間の独特な体験は、なんとも表現しがたいものがあります。しかしこれは、射影幾何学の出発点にすぎません。ユークリッド空間に生き生きとした無限遠の理念を結びつけることによって、私たちは自然界に働く創造の源泉に内面世界で出会

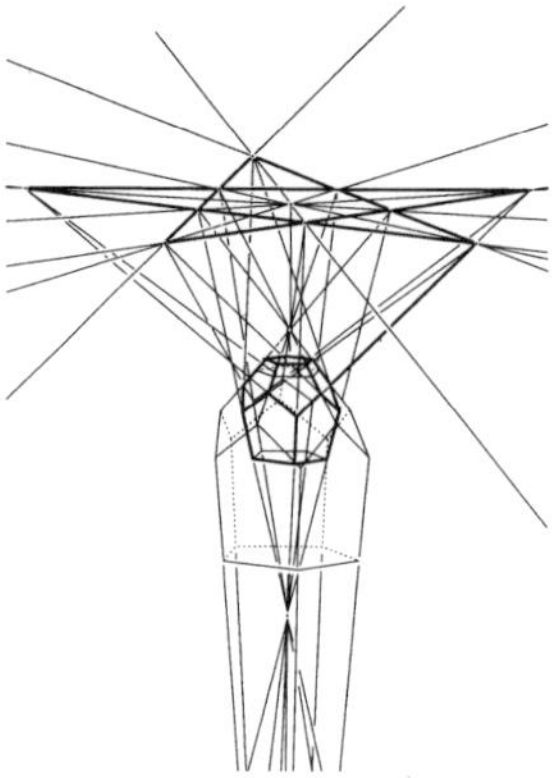

図2　鉱物の結晶の成長
出所：O.Whicher; Projective Geometory; Rudolf Steiner Press

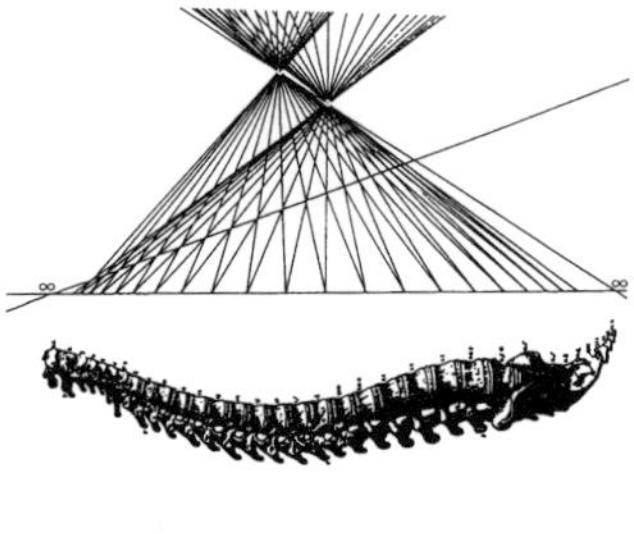

図3　人間の脊柱と射影幾何学による「成長尺」
出所：O.Whicher; San Space; Rudolf Steiner Press

うことになるのです。

ここからの説明は私の手に余るので、雰囲気をお伝えすることしかできませんが、射影幾何における無限遠の性質を利用すると、自然界の有機的な現象を作図によって見事に表現することができるのです。鉱物の結晶、植物のつぼみ、動物の形態、人間の背骨の並びの有機的な間隔などが、線と点との関係性のなかから浮かび上がってくる様子は、奇蹟としか言いようがありません。それが可能になるのは、無限遠の超越的な性質を私たちが認めたときです。子どもたちは線を1本ずつ製図しながら、紙の上に生命的なフォルムを形づくる力が、無限という一種の超越した次元に源泉をもっていることを直観するでしょう。そのようなスピリチュアルな直観は、自然のなかに息づく創造力へと子どもたちの目を開かせるに違いありません。

子どもたちが自然と人間の関係を学ぶ上で、知識や体験以上に必要なものがある。その知識や体験を受けとめることのできる、真のスピリチュアリティだ。それは、子どもたちが自分の内面の力を駆使して、自然のなかに働く創造的な力と具体的に結びつくことであり、その内的な体験を通して自然と自己との関係における生き生きとした感情を獲得することである。

この理解されにくい事実を、あえて日本の文科省のシンポジウムで語ったピーターさんは勇気ある人だと思います。そして、「何を、ではなく、いかに」子どもたちに伝えるか。この視点の重要性に多くの方が気づいて下さることが、開発教育にとどまらない教育全体の課題だと思った次第です。

図４
射影幾何学を学びたい方におすすめします。丹羽敏雄著『射影幾何学入門』（実教出版1600円）

ありのままでいいんだ！

―スローダウンへの鍵―

天野　郷子

○あまの　さとこ
1957年東京生まれ。早稲田大学文学部卒業。オークランド大学アジア研究学部教員。専門は日本語教育。二人の娘を通じてシュタイナー教育に関わること16年。自己発見、自己解放のためのプログラムを考案中。

スピード化によるプレッシャー

　ある日本人家庭を訪ねた外国人が、母親の連発する「早く」という日本語をその子どもの名前だと誤解して"So, how old is Hayaku?"と質問してしまったという話を聞きました。「さっさとしなさい、ぐずぐずしないで、早く早く」と子どもたちをせかし続ける親たち、教師たち。「締め切りまであと2日、30分以内に仕上げてくれ、即答を待つ！」常にプレッシャーに追われている大人たち。より速く、より短時間で、より能率的に…。スピード重視の社会は私たちにおいうちをかけます。

　のどかな酪農国ニュージーランドもここ数年で様子が大きく変わってきました。15年前に移住した当時は店が開いているのは平日のみで、夕方は5時で閉店。休日は街中がシーンとして国民全体が休んでいるという印象を受けました。余暇といえばお弁当持参でビーチに出かけたり、数家族で近くのキャンプ場に繰り出したり…。大自然の恵みの中で誰にでも手の届く楽しみを提供してくれる、そんな素朴な魅力に満ちた国でした。

　ところが最近は都心にはデザイナーブランドのブティックやおしゃれなカフェが建ち並び、海外からの輸入品がショールームを飾っています。不動産の価格も10年前の数倍に高騰している地域もあり、一泊何千ドルというブティックホテルが各地に建設されているとのことです。

このような華やかな発展の裏で、高利のローン返済に追われる庶民の生活は決して楽ではなく、昼夜ふたつの仕事を操りながら家計を支えている工員や長時間休みなしに走り続けるトラックの運転手たちの姿が浮き彫りにされています。

エレクトロニクス化の普及と共に人々のスピード感覚にも拍車がかかります。携帯の返事がすぐ来ない、ダウンロードに時間がかかる、オンラインショッピングの対応が遅い…。分刻みでオーガナイズされたスケジュールに合わせるために自分にも周りの人間にも一定のペースで行動することを期待してしまう、そんな社会の中で私たちはこれまでにないプレッシャーを感じています。

周りがそうだから、自分もそうしなければおいていかれる。競争に勝たなければ。一刻も早く目標を達成させよう。時間節約、最短距離で。“Speed is God, and time is the devil.” これはある日本企業の海外工場のスローガンです。私たちは日々、目に見えないプレッシャーとの戦いを余儀なくされているかのように感じます。

行き場のない若者たち

なぜ私たちはこれほどまでにプレッシャーを感じるのでしょうか。いったい何のためにそんなに急がなければならないのでしょう。競争に負けないように、失敗しないように、おちこぼれないように…？ 責任ある大人になるということはこのような社会に順応することなのでしょうか。

大人たちは若者を見て嘆きます。「今の若者はやる気がない。無気力で、学力低下もはなはだしい。くだらないことにしか興味を持たず、時間を無駄にしている。人生の目的というものがないのだ」

一方、若者たちは問いかけます。「なんで勝たなきゃいけないの？」「成功したら幸せになれるの？」「豊かな人生って何なんだよ？」“What's the point?” 彼らの率直な疑問は私たちの根本的な価値観に挑戦するものです。

競争社会の中で疲れきっている大人たちを見たら、自分はあんなふうにはなりたくないと思うのも当然でしょう。でも、じゃどんなふうになりたいのと聞かれても彼らには答えが見つからない。ほかにどんな選択肢があるのかもわからないし、それを示してくれる大人は周りにはいません。ああなるのはいやだ、何かが違うと直感では感じているのだけれど、それに代わるものが何なのかがわからない…。

不登校、ひきこもり、学級崩壊、幼児虐待…。耐え難い虚無感とたまりかねた憤懣《ふんまん》はさまざまな社会問題の引き金となっています。行き場を失った若者たちの姿はこのままでは持続不可能な社会のあり方を鮮明に反映しています。貴重なものが失われていく、何とかしなければと痛感しながらも外的な要因に圧倒され、個人の力ではとても手に負えない。社会の変化の勢いに太刀打ちできないもどかしさ、無力さは非常につらいものです。

意識を変えれば社会も変わる

この状況をホリスティックな観点からみると、問題の原点は私たち自身の意識の中にあるようです。すべてがつながっているという見方でいけば、社会のあり方は私たち一人ひとりの意識の反映であり、スピード化をくい止められるかどうかも私たちの意識次第ではないかと思うのです。

人々の言動の動機をたどっていくと恐れという感情に行き着くことが少なくありません。何かが、誰かが怖いからしたくないこともする。やりたくないのに我慢して…。怖いとまではいかなくても不安にかられて無理をしてしまう。失敗するのが怖い、とり残されたくない、他人から悪く思われたくない…。自信をもてない私たちの心は不安でいっぱいです。

このような不安感の根源には私たちが無意識のうちに信じ込んでいる観念があります。たとえば、「世の中には悪い人がたくさんいる」という信念は危険に対する恐れや他人への不信感を招きます。

「いいものには限りがあり、選ばれた人間しかそれを手に入れることができない」―私たちを競争へと駆り立てる信念のひとつにこのようなものがあるのではないでしょうか。いい学校に入れる子、いい会社に就職できる学生、出世できる社員、理想の相手と結婚できる人、成功する事業家、有名になれる歌手…。これらの「幸運」は限られた人のみに与えられると信じていたら、他人を蹴落としてでも手に入れようとするか、どうせ自分はだめだとあきらめてしまうか、必死で頑張り続けるか…。

しかし、本当に「いいもの」には限りがあるのでしょうか。老子は「足りて知る者は富む」と言いました。これは「満足することを知っている人はたとえ貧しくても精神的には豊かだ」と解釈されるものですが、これを一部修正して『世の中には何でも十分にあり、足りないものはない』と信じて今の状態に満足し、感謝していると精神的にも物質的にも自分に必要なものに恵まれる」と解釈してみてはどうでしょうか。

何かを手に入れたから安心するのではなく、安心しているから何かが手に入る。ほしいものが手に入ったから幸せなのではなく、幸せだからほしいものに恵まれる。この一見逆とも思える宇宙のからくりがスローダウンへの鍵ではないかと思うのです。

大人の価値観を学ぶ前の乳幼児はこのからくりを知っているようです。喜怒哀楽を堂々と表し、愛されることを信じて疑わない幼な子たちのあり方は彼らが宇宙と一体であるという証でしょう。新生児が怖がるのは高いところから落ちることと大きな音の二つだけという説がありますが、それ以外の恐怖感がすべて大人たちから習うものであるとしたら、私たち自身の恐れの感情を見直す必要がありそうです。

不安感に根差した言動は分離と疎外をもたらします。脅しや罰で子どもたちを動かそうとする限り、彼らの魂は抵抗を続けるでしょう。子どもたちの魂を目覚めさせ、開放するためには、まず大人が自分の恐怖心を認識し、その源となる信念を意識的に変えていくことが必要なのではないでしょうか。

「ありのままの自分でいいんだ。他人が何と言おうと自分の夢に向かって生きていけば自ずと道は開かれる」―そんな自信と安心感が得られれば、皆が同じものを求めて競いあう必要性もなくなっていくでしょう。「いい」学校も「いい」会社も決して絶対的なものではないはずです。

「だれもが独自の個性と内に秘めた創造力を発揮できる機会と支援を授けられる」―このような信念はあせりや不安を解消し、心に平穏をもたらします。日曜日には家族そろって手作り弁当を持ってピクニックへ…。ゆとりを取り戻した心は素朴で地球にやさしい楽しみへと自然に惹かれていくのではないでしょうか。

時間を生きる形

—いのちをつなぐ、ゆとりの時間の比較社会学—

吉田　敦彦

「ゆとりの教育」や「スローライフ」ということが謳われるのは、なにがしか、私たちが喪ってきたものへの切実な直感がはたらいているからだろう。他方、それを私たちの生活に根ざしたものにまでしていくためには、単なるスローガンを超えた、人間の生と社会に対するしたたかで深められた認識に支えられる必要がある。

ここで、「時間」というものにどうかかわりながら生きるか、という問いを立てて、少し考えてみたい。「貨幣」とともに「時間」は、この近代生活において、社会学的にも人間学的にも、私たちの生の質と形を、想像以上に深く規定している。私たちはその規定から、簡単に抜け出すことはできない。しかしそれを明晰に認識することで、時間に振り回されずに、それに対してもう一度こちら側からかかわりはじめることができる。持続可能な「いのちとつながる生のあり方」を、そこに探っていきたい。

○よしだ　あつひこ
1960年生まれ。日本ホリスティック教育協会代表。大阪府立大学教員。主な著書に『ホリスティック教育論／日本の動向と思想の地平』共著『日本のシュタイナー教育』『宗教心理の探求』『応答する教育哲学』『臨床教育学の生成』『日本の教育人間学』ほか。

1　〈時計の時間〉と〈生きられる時間〉：メキシコの学校に流れる時間

20歳代半ばの頃、メキシコの学校で教師をしながら、週末や休暇に村々を歩いていた。わずか1年間だったけれど、当時の自分には、長らく求め続けていた水を得て、渇いた五臓六腑に染み渡らせて蘇生するような体験だった。そのとき身をもって体験できた時間を、その後の人生でも大切にしたいと思った。もうひとつの時間の生き方。それを見失いがちになる今の生活にあっても、くりかえし身体のなかに呼び覚まして、二つの時間のバランスをとろうとしてきた。自分にとってはそれが、よりホリスティックに生きようとするときの原点。持続可能な社会について考えるとき、あらためてこのメキシコで生きた時間が思い起こされてならない。

(1)　メキシコの学校の〈生きられる時間〉

まず、メキシコ人の生徒たちを教えていた学校でのエピソードから。まだメキシコが北米自由貿易協定（NAFTA：1994年発効）によるグローバリゼーションの波に洗われる前の1985年から1986年末にかけて、日本メキシコ学院のメキシコ人コースで日本語・日本文化を教えていた。この学院は、メキシコ文部省管轄の学校と、いわゆる海外日本人学校が合同してできた国際学校で、幼稚園から高校まである。幼稚園はメキシコ人と日本人の完全な混合。小中学校は、メキシコ人コースと日本人コースに分かれて授業をしつつ、いくつかの交流授業を実施。高校は、メキシコ人コースのみ。このメキシコ人コースの中学3年生と高校1年生を担当した。

不安もありつつ飛び込んだ初回の授業から、そこはさすがにアミーゴ（友だち）の国の子どもたち、彼らの友好的な歓待とノリの良さに支えられて順調にスタートできた。ところが……。しばらくたったある日の高校一年生の授業でのこと。はじまる時刻にクラスに行くと、教室のなかが、もぬけの空で誰もいない。時間割と時刻を確かめるが間違いない。あわてて探し回ると、グランドのバレーボールのコートに、クラスの子どもたちがいた。楽しそうにバレーボールに興じて盛り上がっている。そうか、チャイムが鳴るわけでもなく、みんな腕時計を持っているわけでもない。時刻がわからないだけなんだ、と思って、「もう授業が始まる時間だよ」と声をかけた。

そのときの返事が、にこやかな悪びれるところの全くない、その声のトーンとともに、今も鮮明に思い出される。「うん、先生、わたしたちバレーボールしてるの」。「まだこのゲームが続いてるからね」。「終わるまで、もうちょっと待ってね」。嘆願するような感じも、ましてや強弁するような気配もまったくない。それが全く当然で、自然なこと。その感じが即座に伝わってきたので、取り付く島がない。言葉を失ってオロオロすると、助け舟のように「ちょうどいいから審判して！」。いいのかな、まあ仕方ないよな、と自分に言い訳して審判をしていると、程なくゲームセット。すぐにさっさと片付けて、みんな教室へ向かう。「先生、今日は何するの？」「昨日のあの日本の歌よかった、今日も歌おう」とか言いつつ。授業そのものは楽しみにしてくれていたんだ、少なくとも、イヤだからエスケープしたわけではないんだ、と少し、ホッ。

授業が終わって職員室に戻り、とにかく先輩の教師に聞くと、ニヤリとしながら「それがメキシコの時間。ゲームが終われば教室に入ったのでしょ、問題ないよ」と言う。次第にわかっていったのだけど、たしかに時間割もあるけれど、それは伸縮自在でほんとにフレキシブル。授業のノリが悪いときには早く終わってしまう（そして外でバレーボール！）。ノリが良いときは、どんどん延長する。ぼくの前の授業のメキシコ人先生は、よく延長もした。そのときには邪魔にならないように教室の外で終わるのを待っていたのだけど、あるときそれに気づいたその先生が、「どうして教室に入って来なかったの？　入って来たら、そろそろ終わろうとするのに」とアドバイスしてくれた。

時計の時間が来たからといって、いま何か生き生きと活動していることがあったら、目に見える不都合が生じない限り、それをブツリと中断して止めてしまうことをしない。逆に、つまらない時間になってしまっているのに、時間割どおりの時刻が来るまでとにかく授業を続けるということもしない。時計をチラチラ見ながら授業をしている先生の姿が、そこには（皆無とは言わないけれど）ほとんどなかった。

「時計の時間」と「生きられる時間」。〈生きられる時間〉を豊かにするために〈時計の時間〉があるのであって、その逆ではない。時間割という予め決められた〈時計の時間〉に、〈生きられる時間〉をはめ込んでいくのは、本末転倒。目的と手段の転倒。それが、はっきりと意識されている。だから、時間に追われて、心を失うほど忙しくすることがない。「稼ぐために生きるのではなく、生きるために必要なかぎりで稼ぐのだ」という定型句も、メキシコでよく聞いた。

(2) 近代化を牽引する学校の〈時計の時間〉

小学校1年に入学して以来、私たちは毎日、時間割を見ながら、その時間枠に自分の生きる時間を当てはめていくことを学んできた。朝起きて、空を見上げて、その日のお天気と相談しながら今日することを決めていくのではなく。四季のめぐりを感じながら、その時々の季節にふさわしいことをしていくのではなく。朝起きて、まず時計を見て、4月の新学期に予め定められた時間割にしたがって、毎週同じことを時間厳守（5分前集合・ベル着！）でこなしていく。時計の時間とともに始まり、時計の時間とともに終了する学びと、そして労働。

そのような生活が、人類に普遍的なものではなく、近代という時代に特殊なものであること。近代の産業社会の要請に基づいて、近代の学校システムのなかで徹底して教育されることで、やっと自明視されるようになった特異なライフスタイルであること。農耕牧畜の時代には、日々のお天気や季候と相談しつつ、自然と対話しつつ日々の為すべきことが選択されていた。晴れれば畑を耕し、雨が降れば家内で手仕事。時計がわりに、「お昼（ごはん）

の前には帰ってくる」。「日暮れ時に寄り合いを持とう」。村人のみんなが集まらないといけないような、たとえば田植えの開始時刻を知らせるのも、ある人が木鐸を叩き、それを聞いた人がまた木鐸を叩き、次々と波状的に木鐸の音が村中に響いて、その時刻を知らせあったりした。野良に出れない雨の日には、若者主催のお楽しみ＝「雨祭り」があったりしたが、その開催を知らせるのは、若者たちが勇壮に打ち鳴らす太鼓の音だった（内山1996）。

近代化の象徴、機械仕掛けの「時計」が日本の村々に入っていくのは、明治近代もかなり下った産業革命と日露戦争の後のことである。晴雨寒暖にかかわらず、毎日定刻に始まる工場に一斉に集合し、決められた課題を定刻に終了するまでこなしていく労働形態が主流になる時代になって、はじめて〈時計（時間割）の時間〉厳守が要請された。農山漁村の子どもたちを産業社会に適応できる人材に育てる近代学校の「隠れたカリキュラム」――各教科の授業内容などの顕在的な表のカリキュラムに対して、表立って明示されないが、日々の授業とのその評価の遂行そのものを通して教育しているライフスタイルや価値観――の重要な一課題として、〈生きられる時間〉よりも〈時計の時間〉を優位におく生き方が教育されていった。村に時計が入っていく先陣を切ったのは学校だったし、機械仕掛けの時計が手に入らないときは、校庭に「日時計」がつくられたりした。近代化の機関車としての学校が、人々の生活スタイルの〈時計の時間〉化を牽引した。こういった近代化と時間意識をめぐる問題については、後でゆっくり考えてみたい。

2 〈未来中心〉と〈現在中心〉の生き方：「今ここ」を生きるメキシコの子どもたち

日本メキシコ学院の日本コースからは、「遅れた教育」だとのレッテルを貼られがちであったメキシココースで教えながら、では逆に、「進歩」や「発展」の中身は何なのか、と自問することの多い日々を送った。「時間意識」

に関わるエピソードをもう一つ。

(1)　人生の本番はいつ来るか

この学院では、メキシココースと日本コースの合同運動会が恒例になっていた。両コースの合同行事としては最大のもので、その練習から本番までのプロセスで、二つの時間意識が拮抗し衝突するのは日常茶飯事。たとえば、「騎馬戦」の練習のとき。

合同運動会では、メキシコ人生徒と日本人生徒が入り混じって紅白に分かれ、二つの文化のバランスに留意してプログラムを組む。騎馬戦は日本側から出された演目で、日本コースの教師（日本の公立学校での経験豊富な海外日本人学校派遣教員）が指導する。その練習日。運動場の両側に紅白に分かれて並んだ生徒たち（中学2年生）に、競技のあらましを説明した後、まず馬の組み方を教える。それぞれの馬は、日本人ばかり4人、メキシコ人ばかり4人で組むので、メキシコ人グループには日本の教師や生徒が組み方を教える。楽しそうにワイワイ言いながら、組めるようになる。

さて、そこで日本の先生が次のように指示を出した。「今日は、笛の合図にしたがって競技を進行する仕方を練習します。一つ目の笛で馬を組み、二つ目の笛で立ち上がり、三つ目の笛で騎馬がスタート。帽子の取りあいをして、最後の長い笛で終了して自陣に戻る。ただし、今日は本番ではなく練習なので、ゆっくり相手の帽子に触れるだけで良いです」。そのとおり通訳されて、メキシコ人生徒も聞いている。しかし……。

一つの目の笛で馬を組み、二つ目の笛で立ち上がったとき、すでにメキシコ人の騎馬はコブシを振り上げ歓声を上げて興奮状態。三つ目の笛が鳴るやいなや全速力で相手方の馬に突き進み――なかには、勢いあまって前のめりに崩れてしまう馬もあるほど――本番さながらに、まずはメキシコ人騎馬同士で激しく帽子を取りあう。日本人騎馬は指示通りゆっくりスタートして帽子に触れるだけで帰ってこようとする……けれど、生き残ったメキシコ人騎馬に嬉々として追い駆け回され、困惑しながら逃げまどう……。日本の先生の怒声とともに長い笛が鳴って終了。

「今日は本番ではなく練習なので…」という指示を聞いた時点で、すでに10ヵ月近くメキシココースで教えてぃた経験から、このようなことになる予感があった。「どうしていつも、メキシコの生徒たちは指示を聞けないのだ！」という苦情を聞きつつ、この「混乱」への反省指導を求められるのが、メキシココースで教える日本人教師の一人としての自分の立場だった。しかし、これは単に「指示に従わない」という問題ではないことがわかった。むしろ「生き方」に深く関わる、とても奥行きのある問題で、それを理解しあうことが大切に思えた。それを、「現在中心の生き方」と「未来中心の生き方」という時間意識の違いで説明すると、たしかにどちらが正しい、とは簡単には言えない問題として、日本コースの教師たちにも捉えなおしてもらうことができた。

(2)〈未来中心〉と〈現在中心〉の生き方・学び方

「今日はまだ本番ではなく、練習を練習としてする」という発想自体が、ある種の時間意識をベースとしてはじめて受け入れられる。つまり、人生の目的は未来にあって、現在はそのための準備のために使う、という「未来中心」の発想。それに対して、「いつでも本番。それで、どうして悪いの?」とメキシコの子どもたちは問い返すだろう。人生の本番は、来ないかもしれない未来にではなく、そのつどの現在に、「今とここ」にあるのだという「現在中心」の発想。人生の意味（目的・本番）を、現在に求めるか、未来に求めるか。

いま何かをしていることの意味を、その現在のプロセスそのものの中に見い出すか、あるいは、将来それが何らかの結果を生んだときに意味あるものとして認めるか。現在を、未来の目的のための手段にしてしまうことなく、それ自体で意味のあるものとして生き尽くしていくか、そうではなくて、より大きな成果を生むために現在を目的合理的に組織化して有効に使用していくか。時間を生きる二つのスタイルがある。

「なぜ今こんな勉強するの？」との問いに、「将来大人になったとき、役に立つから」と答える。学校のなかで繰り返されるこの問答のなかで、私たちは、今していることの意味を未来に先送りしていく未来中心の生き方を学んでいく。子ども時代というのは、人生の本番である成人期のための準備の、練習のための期間であること。そのあいだは、たとえ無意味に思えてつまらなくても、それに耐えてこなしているなかで、きっと後から何かの価値に交換されて報われるはずであること。勉強とは、それ自体に喜びがあるものではなく、未来の目的のための手段なのであるから、今は楽しくなくても仕方がないこと。

そういう未来中心の発想を教え込まれることが、メキシコの学校では少なかった。騎馬戦に限らない。たとえばリレーの練習でも、日本の教師が指導するときには、バトンの受け渡しの部分だけ取り出して、それを繰り返し練習させる。それに対して、メキシコの教師が指導するときには、とにかくリレーの実戦を本番同様にさせる。いま「させる」と言ったが、たしかにバトンゾーンの練習は、バトン受け渡し練習そのものは楽しくはないので、「させる」という感じがあるが、本番同様の実戦練習の場合は、見ている人たちの声援も盛り上がるし、走者も本気になって勝てば歓喜するので、「させる」といった感じはしない。（実のところ、リレーの本番で強いのは、どちらの練習方法だろう？）

運動会だけでなく、何より日々の授業のなかで、いかに日頃からメキシコの子どもたちが未来中心の学習法に馴らされていないかを、痛感してきた。日本語の授業で、たとえば「漢字」を10回ずつノートに書かせて教えようとする。すると、すぐに飛んでくるのが、「¿Para que?（何のために？）」といういつもの問い。「将来、日本に行ったとき、知らないと困るよ」と答えると、「わからなくても、そこにいる人に聞けるからいい」、「辞書の引き方を覚えたから、わからないときには調べられる」。そんな彼らも、日本の同世代のヒット曲の歌詞なら夢中になって訳していくし、一番印象的だったのは、次の日本語・日本文化の授業。いつもにぎやかなクラスが、水を打ったように静まりかえる。授業で、日本の「いじめ」の新聞記事を読んだ。このような「いじめ」がよくわからない[1]。同年齢の見知らぬ友達のことをもっと知りたい。いじめられたり、いじめたりしている生徒たちと文通したい、ということになり、じつにデリケートな話題を扱う手紙を、時間をかけて、それこそ授業を延長し、ランチタイムを何日も使いながら書き直しを重ね、読みやすいように漢字もたくさん使って書き上げた。

そのときの彼らの集中力や持続力には、感嘆するものがあった。まさに「時間を忘れて」夢中で取り組んだ。そのなかで結果的に身につけていった日本語力も相当なものだった。それ以来、私の授業方針も、「未来中心」ではなく「現在中心」のものを心がけた。つまり、「将来役に立つから」という動機づけを不要とするような、生徒たちが現在、興味・関心があることを題材にして、いま読んだり書いたりコミュニケーションしていることそれ自体に直接的な意味があるような学習を心がけた。

(3)　近代学校のなかの〈未来中心〉の教育観

人類の長い歴史を振り返れば、私たちがあって当然だと思っている学校が必要になったのは、ごく最近のことだ。将来に必要になるであろう知識や技能を、家庭や地域の暮らしのなかで、身近な大人の仕事を手伝いつつ次第に身につけていける時代が、人類史の長い期間、続いてきた。そのときの身につけ方、学び方は、現在中心だった。大人のしていることを「まねび」つつ「まなぶ」ことは、そしてそれが大人たちと同じようにできるようになることは、それ自体が子どもたちにとって喜びであったし、しかもそれが今日の暮らしを支えていく具体的な手ごたえがあったから。仕事が世襲的でなくなり、次々と新たな職種が生まれ、階層間や居住地の移動が大きくなり、職住が分離していくにつれ、システムとしての近代学校が必要とされてきた。現在の生活の必要に直接に結びついているのではない、将来の職業選択の幅を最大限に広げることのできる一般的な知識・技能を、生活の場とは隔離された空間と時間のなかで、系統的に学習する必要が生まれてきた。その学習は、それがどのように生活のなかで活かされるものなのか、その意味が現在の時点ではとても見えにくいものになっていった。

「賃労働」と「時間給」の一般化に伴う「仕事」の「稼ぎ」への労働の質の転換（内山１９８８）が、この「現在中心」から「未来中心」への生き方と学びの転換に対応している。生産と消費の場面が分離するにしたがい、いま自分がしている仕事が、どのような人の喜びに結びついているのか、顔の見える関係において具体的に味わうことが難しくなる。家族に手袋を編んだり夕食を作ったりするのと、商品衣料や商品弁当を大量に生産する工場で働くのとでは、現在の仕事そのものの意味を感受する仕方が決定的に異なってくる。後者では、仕事そのものからは感じ取りにくい意味を、結局のところ月末に賃金という交換価値であがない、その蓄えられた貨幣が何か別の商品に交換されることで報いられる構図ができる。意味や目的が、仕事のプロセスから直接得られるものではなく、それとは別の価値に交換されるときにまで先送りされる。それに慣れてくると、仕事の内容よりも、働いた「時間」が「給与」に交換されていくように感じられる。「時は金なり」。極端には、「時間給」を得るために「時間稼ぎ」をして「金稼ぎ」をするという発想にもなる（内山１９９３）。

「点数稼ぎ」や「単位稼ぎ」という表現がある。学んだことそのものの価値ではなく、それが将来に有効な何らかの交換価値に換算されたとき、それに価値を見出す姿勢。授業で学んでいることそのものに意味や目的を感じられなくとも、それでも耐えて座ってノルマをこなした「時間」が、結果として内申書の点数や卒業要件の単位に換算される。未来の幸福へのキップを手に入れるために、現在は無意味とも思えるような作業に耐えていく。このような生き方のスタイルそのものが、実は、近代産業社会の求める労働のスタイルによくマッチしていて、近代学校

（の「隠れたカリキュラム」）は、ひそかにそれを育ててきたのだとさえ言える。少なくとも機能的にそういう一面があったことを読み取れる。

このように見ていくと、近代化の推進力という機能からみて「遅れた」メキシコの学校のなかで「現在中心」の生き方が、「進んだ」日本の学校のなかで「未来中心」のそれが優位になっている理由の一端がよくわかる。そして、近代化が完成されるにしたがって自明視される生き方が、じつは、どのように特殊で偏った生き方であるのか、ということも、よく見えてくる。

以上はそれを、〈時計の時間〉と〈生きられる時間〉、〈未来中心〉と〈現在中心〉という時間意識に焦点づけて、対比的に――したがって、このような単純化を許さない複雑な社会の細部にはこだわらず、少々乱暴にであるが――浮き彫りにしようとしてきた。学校や子どもの事例をここでは扱ったが、以上の対比は、大人社会のなかでも、同様のエピソードがたくさんある。メキシコ社会の時間意識については多くの著述があるし、とりあえず、近代化の機関車としての学校のなかでさえ以上のような状況にあったことを、ここでは報告しておくことにしよう(2)。

3　いのちとつながる生の形：時間の生き方の深層

メキシコの「もうひとつの時間の生き方」。そこで学んだことを、二つだけ付け加えておきたい。「待つことの味わい」と「他者に応答する共感性」。そこに、時間意識がホリスティックな〈いのち〉とのつながり方の深浅に影響する様相が捉えられる。

(1)「待つこと」で深められる時間

〈時計の時間〉と〈生きられる時間〉を話題にすると、必ずといってよいほど出てくる疑問が、「〈時計の時間〉を守らないと、他の人を待たせることになる。自分だけならよくても、他の人の時間を奪うことになり、迷惑をかけるのはよくない」というもの。それはそれでよくわかる。ただそのとき、次のような「待つこと」へのセンスもあり得ることを考慮に入れると、「時間の生き方」と「他者とのかかわり方」の関係についてさらに考えを深めることができる。

メキシコで生活していると、たしかに「待たされる」ことが多い。でも、そこの時間の流れに馴染んでくると、「待つこと」が苦痛でなくなってくる。むしろ、「待たされている時間」が、なにか「得をした時間」のように感じられたり、「待つこと」が味わい深い営みのように思えてくる。

バスに乗ろうとして、そのバスが定刻よりも遅れてきたとしよう。そうすると、バス停で待っている人は、自然に隣で待っている人に声をかける。「やあ、今日はどこへ行くの?」。そして、世間話がはじまる。すると、いきなり(と滞在の日が浅いときは感じたものだが)、よくある質問は「あなたは、何が好きな人?」。誰も、自分が好きなことを話すのが嫌いな人はいない。すぐに話しが弾む。そして、その人が好きなことを聞くと、その人のことがとてもよくわかる。それが自分に合っていれば、もう友だち。バスを待っている時間が短く感じられ、もしスケジュールどおりにバスが来ていれば出会えなかった新しい友だちと、一緒にバスに乗り込んでからも話に花が咲く。「待っている時間」は、「予期せぬ出会いに開かれた時間」になる。

スケジュール(時間割)どおりに事が運ぶと、たんに以前から予測できていたとおりの日々が過ぎ去っていく。スケジュールどおりにいかなくなったとき、何か予期せぬ新しいことが生まれる可能性がある。時計をチラチラ見ながら待つのではなく、なにか面白いことがないだろうか、と周りをワクワク覗う。そこに、予定通りならば与えられなかった、何をしてもいいフリーな時間が自分の手元に戻ってくる。予定に反して待たされている時間は、このような好奇心があれば、とっても「得をした時間」になる。出会いに開かれた時間。

たしかにこれも、自分が遅れて、誰かをイライラと待たせてしまっていると思うと、申し訳なくて、こんな呑気な気分にはなれないだろう。誰かが遅れてきても、きっとバスが遅れたり、あるいは何か、彼の〈生きられる時間〉がその前に長引いて遅れてきてしまったのだろう、と余裕をもって（しばしば得をしたとさえ思いながら）待たされている人があってこそ、待たせている人もまた、その時間を楽しめる。逆に言うと、そういう相互性が成り立っている文化では、このように「待たせたり・待たされたり」ということさえ、その意味を変えてしまうということ。時間厳守の徳は、そのように超文化的に絶対的・普遍的な価値を持つものではない。

「待つことが上手」な人たちがつくっている社会。社会全体に、先を急いでイライラしている気配がない。そして、メキシコ滞在も長くなるにしたがって、「得をした時間」というだけでなく、「待っている時間」というのは、なんとも味わい深い時間なんだと感受されるようになってくる。「予定通り」に「すぐに手に入る」よりも、大事なことほど、それが手に入るまで思いを込めて待つ時間があるほうが、むしろ濃密に〈いま・ここ〉を、〈生きられる時間〉を生きられる。つぎつぎと上滑りしていく時間ではなくて、時間が足元で垂直に深まっていくような、時が熟していく時間。

〈いのち〉は時のなかで熟して〈かたち〉となる。春夏秋冬、そして人生の四季である「青春、朱夏、白秋、玄冬」（見田１９７９）。いのちの巡りとリズムのなかで、時が熟し、事がその事にふさわしい時を得て、しかるべくしてリアライズしてくる。それをしっかりと待てるということ。時間に追われるのでも、時間を追い越してしまうのでもなく、あるいは時間の背後に取り残されるのでもなく、熟していく〈時〉のなかに住まうこと。

〈いのち〉は熟して〈かたち〉となる。思いは時のなかで熟して言葉となる。たとえば教室の中で、ある生徒のなかなか言葉にならないその言葉が、ゆっくりと熟して発せられる、その瞬間を固唾をのんで待つ沈黙のなかに、そのような「待つことの深まり」があったりする（吉田２００３）。「待つことのできる力」が、上滑りしない他者とのかかわりを育んでいく。「待つことの深まり」が「他者とのかかわりの深まり」を生み出していく。「ゆとり」とは、そのような「ゆったりとした時の深まり」を育むものであるはずだ。

(2)　現在する他者との応答的なつながり

つぎつぎと先を急いでいくのではなく、〈いま・ここ〉の現在を生きているとき、他者とのかかわり方・つながり方が変わってくる。メキシコの生徒たちのあいだに、日本であるような意味での「いじめ」が――当時の私の見聞の限り――みられなかった（吉田・高尾１９９６）。彼らとて、いつも「アミーゴ（友だち）」で仲がいいばかりでなく、ぶつかったり、けんかしたりということは、よくあること。いな、ぶつかりあってもつながっていけるからこそ、「アミーゴ」なのだろう。大切なのは、ぶつかった時の、その時その場での応対の仕方。

もうひとつだけエピソードを加えよう。授業中（高校1年、着任約2ヵ月）に、あるヤンチャな男子生徒が、真面目すぎるぐらい真面目な女子生徒に向かって、心を傷つけるような言葉を投げつけた。冷やりとするような場面で、教壇にいる私は、何か言わなければ、と思いつつ、未熟にも咄嗟の言葉が出ない。その瞬間、女子生徒はワッと泣き出して、授業中の教室を飛び出してしまう。と、すでに男子生徒は立ち上がっていて、顔色を変えて「先生、追いかけてくる」と言い残して飛び出していく。呆然としている私に、生徒たちのほうが声をかけ、「先生、まかせておいて大丈夫だから、授業を続けよう」。しばらく授業を続ける。クラス中が「ちょっと遅いな」と気になりはじめた頃、「先生、そろそろ様子を見てきて」と声がかかる。促されて教室を出て探すと、階段に腰掛けてたたずむ二人。「もう少しで落ち着くから、そうしたら教室へ戻ります。大丈夫、授業を続けていて」。クラスのみんなに報告して、授業を再開していると、ほどなく二人が戻ってきて、みんながうなずき合うように空気が和み、一件落着。

たいした生徒たちだと頭が下がった。これだから「いじめ」がないのだ、と思えた。人を傷つけることはある。でも、その瞬間に、その痛みを表現し、感受し、共振する身体のあり方が、じつに柔らかく、伸びやかで、しかも力強い。それが、「授業中の教室という時空」を見事に超える。「授業時間中」だから終了時刻までは教室のなかで勉強すべし、という規範をまったく無視しているのでもなく、かといって、「何があっても…」とは考えない。それよりも大切なことがあること。とくに、人を傷つけたり傷つけられたりするとき、それに呼応するコミュニケーションは、何より大切。心と身体が、その時その場で応答しあい、共鳴共振しつつ、スケジュール化された時空の枠組みを突破していく。その即興的な現在を生きられる共感性・応答性。「シンパティコ（共感的・交響的）」であることを人間性を評価する最高の基準としている（見田1979）彼らの真骨頂をみた。

「いじめるよりも仲良くした方が楽しいのに、どうしてわざわざいじめるの？」。先に述べた日本の「いじめ」についての授業で、それが「わからない」理由として、こうつぶやいた生徒がいた。こうしたメキシコの生徒たちの心性については、別のところで心理学的に考察してみたことがある（吉田1999）。ここでは、上述の時間の生き方に即して、この他者とのつながりのあり方を押さえておきたい。

〈現在中心〉の〈生きられる時間〉。未来にある目的を立て、そのために現在を有効に生きようとするとき、その目的にとって有用なものと不用なものがたえず意識され、有用なものと人とにだけかかわるようになる。現在のすべてにかかわるのではなく、目的に関係のあること以外は、「自分には関係ない」ことになる。目的が絞り込まれ、目標が明確になればなるほど、手段視された現在の人間関係は有用性の基準にしたがって選別され、つながりは狭まっていく。

時間割とカリキュラムに則って進行する授業は、卒業時点という未来にアウトプットすべき目標にむけて合理的に組織化される。その時間意識が強力になればなるほど、教室のなかの人間関係は、現在する他者に応答する感受性を狭めていく。今ここで他者が何を感じ、何を訴えているのか、それは、学習すべき目的にとって関係がある限りでしか関係ない。時間の生き方が、他者とのつながり方に、確実に干渉するのである。

(3)　時間のニヒリズムを超えて

今ここに現在する他者に応答するつながり方。そこに現在中心／未来中心の時間意識がかかわることをみてきた。それにしても、この現在中心の生き方は、未来とどのようにかかわっていくのだろう。「今さえよければ、それでいい」「自分（の世代）さえよければ、あとはどうなってもいい」といった、いわば刹那主義的な生き方と、この現在中心の生き方は、どう違うのだろう。そこに違いがあることは、メキシコにいるときから感じていた。そして、その違いの秘密に触れた気がしたのは、メキシコの11月1日にある「死者の日」の前後である。

すでに詳しく論じた（吉田１９９４、１９９６）ので本稿では立ち入らないが、メキシコの「現在中心」の生き方には、彼の地の「死者の日」の祝祭行事にみられるような死生観が、深く関与しているように思われる。「骸骨人形」などで溢れかえる「死者の日」には、親しい人の名前を額に貼り付けた「しゃれこうべの砂糖菓子」を贈りあう。あなたも私も、遅かれ早かれ、このような「しゃれこうべ」になるのだという事実を忘れないために。相手が死んでしまったと仮定した手紙「しゃれこうべの詩」を送りあう。もし、あなたと今日限りで二度と会えなくなったとしたら、私はどう感じるだろう。もし私がいま死んだとしたら、私につながる人たちは、私のことをどう思い出に残すだろう。他者とのつながり方の質が、「しゃれこうべ」を通して（怖いほど）くっきりと浮き彫りになる。

それを自覚しあうための、強烈な文化の装置をメキシコは持っている。

「死」をどう感受しているかの違いが、現在中心の生き方と刹那主義との違いを決定づけている。生きている人間の生の有限性、私もあなたも、遅かれ早かれ、いつか必ず生を閉じるという事実を、どのように感受しているか。「いつでも本番」の、未来に生きる意味を先送りしない生き方が、「いつ死んでもよい生き方」に結びついていること。しかしこれも、文化差であるよりも、死をタブー視する近代化の度合いの問題かもしれない[3]。

人間が誰でも、いつか必ず死すべき存在であること。そのこと自体が、虚無感を、ニヒリズムを生むのではない。生きる意味を、生きられる現在の充実から得るのではなく、次々と未来に先送りしていくとき、その果てにくる「死」は、最終的に生きる意味を無に帰していくものとして感受される。逆に、はじめに死を見据えつつ、このいつ終わるとも知れぬ生のつかの間のひとときを、それ自体で意味あるものとして生き尽くしていこうとするとき、その時々の現在が上滑りすることなく、垂直に深まっていく。

このように考えるとき、「現在中心」の生き方とは、現在の「点」としての時間を意識しているだけではない。むしろ、到来する死を看過することなく、生と死の全体を見通している。「未来中心」の生き方が、この人生のどこかの時点の未来に「本番」をおいて、そこまでの未来をしか見ていないのだとすれば、その方が近視眼的で中途半端な未来観だと言える。

人間は、〈いのちのつながり〉のなかで、生きている。「死者の日」の夜にメキシコの人たちは、共同墓地に集まって、地上に帰ってきた今は亡き人たちの魂と夜明けまで交歓する。そのときには、彼らの時間の意識は、自己の生死の時間をはるかに越えて、もうひとつの悠久の時間の流れ、大いなるいのちのつながりのなかに浸りこんでいるようにも見えた。生きられる現在の垂直の深さは、このような「永遠の今」とも言うべき〈いのち〉の次元にふれることによって、支えられているのだと思える。

4　持続可能な世界へ向けて

(1)「幸せ」のかたちの問い直し

「ゆとりの時間」を導入した教育改革。より一般的には、「スローライフ」が謳われている。それ自体は、先を急ぎすぎて時間に追われる生活が、すでに行き過ぎてしまった反省に基づくものだろう。ただそれが、「時計の時間」や「未来中心」の生き方を原理とする近代社会や近代学校の、その原理的な問題への捉え返しのないまま継ぎ足されるならば、「ゆとり」以外の時間がさらに忙しくなったとか、学力のアウトプットが低下したとか、あるいは余暇のスローライフを獲得できる「勝ち組」に乗るべくますます悲壮な業績競争に巻き込まれる、といった悲喜劇を演じることになる(4)。

メキシコを反照する鏡として、近代社会のそれに対する「もうひとつの時間」の生き方を見てきた。それを探求しつつ、時間の生き方というものが、最終的にいのちとつながる生の形を規定していく様を浮き彫りにしてきた。近代ないしポスト近代の社会に生きる私たちは、もはやどちらかの時間だけをよしとして生きることはできない。ただ、近代の時間意識の行く末には、断ち切られ、持続の不可能となった無惨ないのちの姿――生態系の生きとし生けるもののつながりにしても、近くの、また遠くの他者たちとのいのちのつながりにしても――があるのだとすれば、私たちはこの二つの時間の間で、右往左往しつつも、偏りすぎたバランスを取り戻していかなくてはならない。

はじめに触れたが、以上のメキシコ体験は、アメリカ合衆国を中核とする自由貿易協定によるグローバリゼーション以前のものである。１９９０年代後半にメキシコを二度おとずれたとき、文字通りの「マクドナルド化」で街角の風景は一変していた。反グローバリゼーションの象徴的な運動であるメキシコ南部のサパティスタ解放運動は、多国籍企業のプランテーションのために買い占められていく農民の土地を守り、自分たちの自律的な暮らしのための食べ物を育てる権利を確保しようとするものだ（山本２００４）。ここでメキシコの人々の選択について軽々に是非判断をしようというのではない。問題は、持続可能な世界へ向けて、日本で生きている私たち自身の生き方の選択である。アメリカを夾んで反対側のカナダで暮らしていたとき（１９９８〜１９９９年）、日本人の猛烈な働き方への苦情をよく聞かされた。もう少しスローダウンしてくれなければ、グローバル市場の国際競争のなかで、自分たちカナダ人の生活もスピードに追われなくてはならないと。

９・11の米国貿易センタービルとペンタゴンへの同時多発テロの直後、タイのバンコクのチュラロンコン大学で、「もうひとつの世界へのホリスティック・アプローチ」をテーマにした国際会議が開かれた。基調講演者は、インドのヴァンダナ・シヴァ。第一線の物理学者として、ニュートン・パラダイムからホリスティック・パラダイムへの世界観の転換を、そして、その土地や生活の全体連関を無視して外来種を導入する「緑の革命」や単一商品作物プランテーションがいかに生態系と人々の共同生活を破壊してきたかを、圧倒的な説得力をもって訴え続けている人である（ヴァダナ・シヴァ１９９４、２００２ほか。邦訳もすでに多数）。その会議の夜には、タイの北部で日本のＯＤＡによって進められている大規模ダム開発に抵抗してきた地元の人々の舞踏による訴えがあった。その川の漁労によって生活を営んできたこと、それだけでなくその「開発」が、その舞踏に象徴されるような村の伝承文化を根こそぎにしていくこと。90年代末にグローバル経済下の「アジア通貨危機」を経験したタイをはじめ東南アジアの参加者たちは、その危機によってむしろ私たちは目を覚ますことができた、つまり、グローバリズムによる経済成長への依存が足元の自律的な生活の基盤をいかに危ういものにしているかに気づくことができた、と語っていた。そして、日本型の開発・成長を追いかけるのではなく、もう一つの道を探り始めたのだと。

おそらくは日本から参加した私に対して、こういったアジアのグローバリゼーションに対する構造的な責任を追及したい気持ちは山々であっただろう。しかし、彼らはそれを詰問するよりもむしろ、静かに私に問いかけた。「日本の人たちは、幸せなのか？」と。「国民総〈生産〉量よりも、国民総〈幸福〉量の方が大切」とのスローガンもこの会議の基調であった。

私たちは、幸せなのだろうか。どんな幸せを追いかけているのだろう。時間に追われて忙しく、結局はどんな幸せに辿り着こうとしているのだろう。今日の日が幸せでないなら、先送りした幸せにいつ辿り着くのか。この国で生きる私たちが、今を生きる幸せのかたちを問い直し、生きられる時間へのスタンスを構えなおしていくことが、自分たちの問題だけでなく、海をまたいで持続可能な世界を創り出していくことに直結している。

注

（1）詳しくは、吉田敦彦1995参照。実際に、「いじめ」に対応するぴったりとしたメキシコの語彙（スペイン語）はなかった。なぜそうなのだろうか。それについては後に触れる。

（2）メキシコ人自身による内在的な考察として、カルロス・フェンテス1975、オクタビオ・パス1982など。私が直接影響を受けたものとして、鶴見俊輔1976、真木悠介1977、見田宗介1979、中岡哲郎1986などがある。なお、江戸末期から明治初期に日本に滞在した（近代化「先進」国の）外国人の日本滞在記のなかに、「生きられる時間」を生き、陽気でオープンな他者とのかかわりを生きる民衆たち・子どもたちの姿に魅せられた記述が多々みられる（渡辺京二1998、モース1970ほか）。その本稿と同型の記載を通して、サイードの言うような「オリエンタリズム」的バイアス（サイード1986）を共有している可能性を自覚しつつ、論じてきたテーマが、日本とメキシコの文化特性であるよりも、近代化の進度という歴史性の方に深く規定されていることを再確認できるように思われる。

（3）かつて見田宗介は、本稿のベースでもある『時間の比較社会学』（真木1981）において、現在の生きる意味をたえず未来に先送り（疎外）しながら生きる時間意識を「時間のニヒリズム」と呼んだ。彼自身、メキシコでの生活体験を通して、たえず現在の只中に生きる意味を感受する現在中心の生き方のリアリティに触れたのが、その研究の契機となっている。以上に述べてきた時間意識論の更なる詳細は同書を参照されたい。

（4）辻信一2001ほか。この悲喜劇の問題性を辻信一氏自身は十分に考慮している。

引用文献

内山節（1988）『自然と人間の哲学』岩波書店

内山節（1993）『時間についての十二章／哲学における時間の問題』岩波書店

内山節（1996）『子どもたちの時間／山村から教育をみる』岩波書店

ヴァンダナ・シヴァ（1994）『生きる歓び—イデオロギーとしての近代科学批判』熊崎実訳、築地書館

ヴァンダナ・シヴァ（2002）『バイオパイラシー—グローバル化による生命と文化の略奪』松本丈二訳、緑風出版

オクタビオ・パス（1982）『孤独の迷宮／メキシコの文化と歴史』高山智博・熊谷明子訳、法政大学出版局

カルロス・フェンテス（1975）『メヒコの時間：革命と新大陸』西沢竜生訳、新泉社

サイード、E・W（1986）『オリエンタリズム』今沢紀子訳、平凡社

辻信一（2001）『スロー・イズ・ビューティフル／遅さとしての文化』平凡社

鶴見俊輔（1976）『グアダルーペの聖母』筑摩書房

中岡哲郎（1986）『メキシコと日本の間で／周辺の旅から』岩波書店

真木悠介（1977）『気流の鳴る音／交響するコミューン』筑摩書房

真木悠介（1981）『時間の比較社会学』岩波書店

見田宗介（1979）『青春 朱夏 白秋 玄冬／時の彩り・88章』人文書院

モース、E・S（1970）『日本その日その日（東洋文庫）』石川欣一訳、平凡社

山本純一（2004）『メキシコから世界が見える』集英社

吉田敦彦（1994）「死から生を見る視線／メキシコの〈死者の日〉をめぐって」岡田渥美編『老いと死／その人間形成論的考察』玉川大学出版部

吉田敦彦（1995）「仲よくした方が楽しいのに／メキシコからのメッセージ」『賢治の学校／特集いじめ・家族・学校』（第2号）

晩成書房
吉田敦彦（1996）「死の見える国の子どもたち／メキシコ〈死者の日〉のフィールドノート」藤本浩之輔編『子どものコスモロジー／教育人類学と子ども文化』人文書院
吉田敦彦（1999）『ホリスティック教育論／日本の動向と思想の地平』日本評論社
吉田敦彦（2003）「沈黙が語る言葉／出会いと対話と物語」矢野智司・鳶野克己編『物語の臨界／物語ることの教育学』世織書房
吉田敦彦・高尾利数ほか編（1996）『喜びはいじめを超える／ホリスティックとアドラーの合流』春秋社
渡辺京二（1998）『逝きし世の面影』葦書房

ナマケモノが地球を救う

―「もうひとつの学び」のための時間をつくろう―

高橋　仁

○たかはし　ひとし
1974年埼玉県生まれ。東京外国語大学大学院博士前期課程修了。現在、新潟大学事務系職員。図書館、大学本部、医学部で勤務。

2004年より棚田の保全活動に関わり始め、「持続可能なゴハンの食べ方」を模索中。

紙飛行機に託した想い

2005年から始まった「持続可能な開発のための教育の10年（ESDの10年）」。そのスタートとして3月6日に東京で開催された「ESDの10年キックオフミーティング」の会場に、私はいました。ミーティングの最後に、ESDの10年への想いや、自分が実行したいことなどを折り紙に書き、それを紙飛行機にして会場の両サイドから飛ばして、受け取った紙飛行機に書かれたメッセージを読み合うというセレモニーをしました。その折り紙に私が書いた言葉が、タイトルにある「ナマケモノが地球を救う」でした。そして「みんながゆとりある生活を取り戻して、持続可能な社会や、そのための教育について考える時間を持てるようにしたい」と書いたのです。

「忙しいこと」がもたらすもの

私は学生時代から、教育の問題と並行して労働の問題を考え続けてきました。特に「就職したら忙しくなる」ということに対して、「働くってそういうことなの？」という疑問を持っていました。ホリスティック教育に出会って大学院で学んでいたときに、その疑問は一層深まりました。「ホリスティック」という言葉が意味するさまざまな「つながり」が失われたのは、この「仕事のあり方の問題」が原因ではないか、と思ったのです。

競争を軸とする市場経済の枠組みの中で、労働における利潤の拡大や地位の上昇といったことに関心が注がれ、競争に勝つことに資する要素だけが評価される現代。特に最近では、多くの企業が「成果主義」の名の下に「競争に勝ち残るために働け」と労働者の尻をたたくような状況にあります。その一方で、教育や医療の現場は慢性的な人手不足に悩まされています。そこでは、「自分が納得できる忙しさ」ではなく、「望まない忙しさ」に翻弄されて疲弊している人が少なくないように思われます。

そんな仕事のあり方が、実は「地球社会を持続不可能にする問題」を生んでいます。現在の市場経済というシステムが生産物を運ぶのに大量の資源を使うなど、環境に対する負荷が大きいこと。長時間労働によって子育てをする時間を奪われている人がいる一方で、失業によって子育てが困難になる人が存在していること。現在の労働をめぐる状況そのものが多くの労働者の権利を脅かすものであること…。そして最大の問題は、このような状況に目を向けなければならないにもかかわらず、私たちがその時間を失っていることです。

「ふつうの人」が教育を考える時間を

朝日新聞社から出ている『新版　教育学がわかる。』というムックの中に「教育を理解するためのブックガイド50」という項目があります。その中にミヒャエル・エンデの『モモ』が紹介されていました。その文章がとても示唆に富んでいます。「(『モモ』は) 時間どろぼうとぬすまれた時間を人間にとりかえしてくれた女の子のふしぎなファンタジー。過剰労働で子どもと接する時間のない父親・母親、習い事や塾通いで忙しい小・中学生、バイトと消費活動の時間に追われる高校生や大学生、時間の不足こそが現代教育にとって最も深刻な問題であるといえないだろうか」。

誰もが忙しくて、教育のことを考える時間がない。この問題をとらえることは重要だと思います。たとえばサラリーマンや農業関係者のように、教育という看板を背負っていない

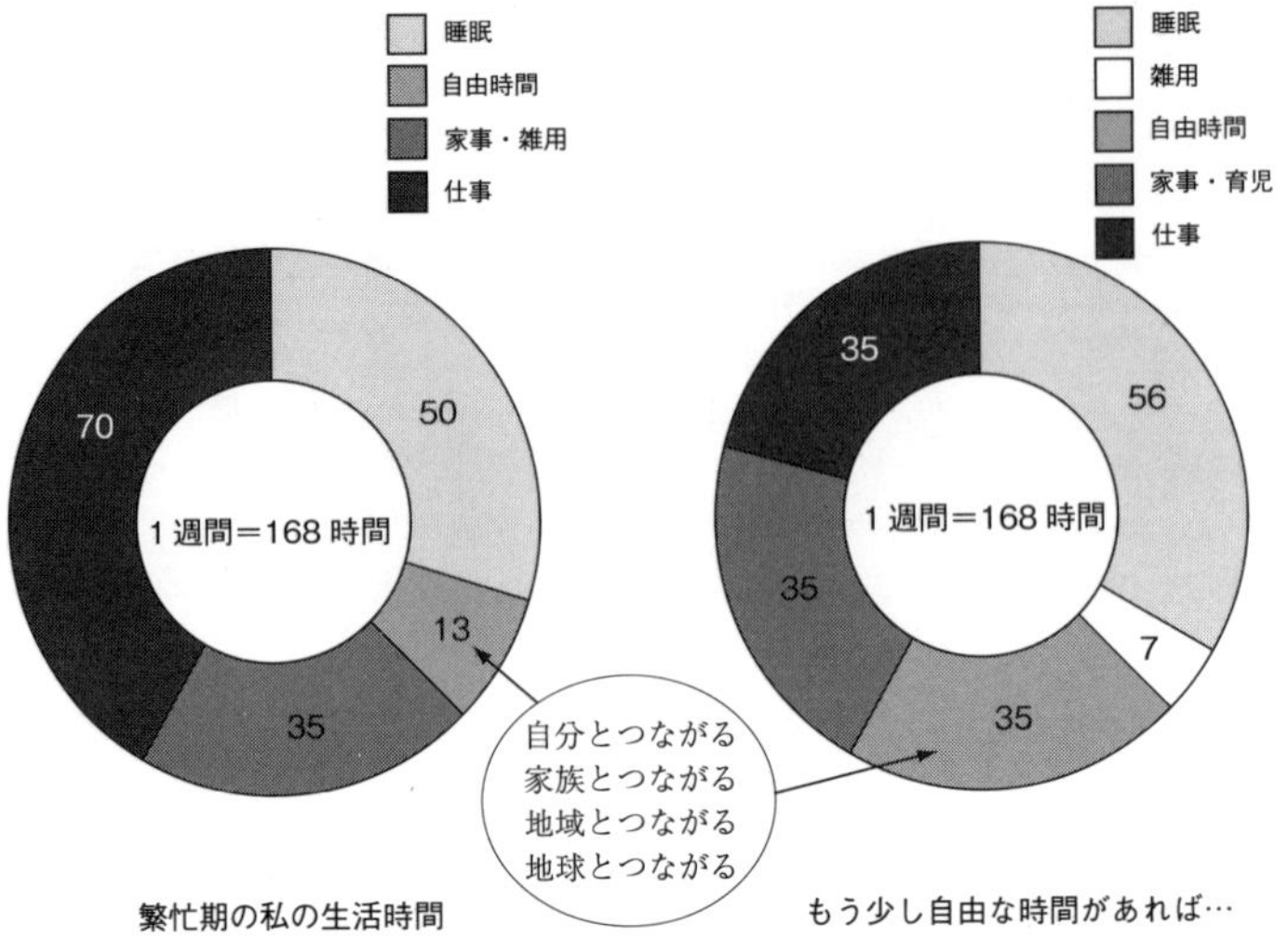

角橋（2003）p.141 図をもとに高橋が作成

図1　持続可能なライフスタイルとは？

「ふつうの人々」にとっては、教育の問題は「仕事以外の世界」です（教育の問題を学校の責任に帰する人々が多いのはその証でしょう）。このような状況の中では、たとえ優れた教育方法であっても、それを共有できる時間と場がなければ広がっていきません。ＥＳＤの10年では、教育に関する具体的な方法論に加えて、この時間と場をつくっていくことが求められていると思います。そのためには、現在の教育問題の背後にある価値観や社会システム全体の問題にまで踏み込んで考えていくことが必要になるでしょう。

私も平日は地味な用務員ですが、職場の過剰なリストラに対抗しつつ、外へ出て学ぶ時間を確保して、持続可能な社会づくりについて考えていきたいと思っています。

「もうひとつの学び」が生む持続可能なライフスタイル

たとえば、もし労働時間がヨーロッパ並みに週35時間程度に短縮されたとしたら、どんなライフスタイルになるでしょうか。食事をコンビニ任せにせず自分で作ってみたり、ゴミのゆくえをもうちょっと気にしてみたり、遠く離れた友人と再会したり、のんびり海を眺めたり、社会問題についてじっくり考えたり、誰かと議論したり…、つまりは「仕事以外の世界」にもバランスよくかかわれる可能性が出てきます。自由な時間を手にすることで、自分の持つさまざまな可能性に気づき、他者と問題を分かち合い、地球社会の中でつながり合って生きていることが感じられるのではないでしょうか。おそらくそれは「もうひとつの学び」と言えるでしょうし、持続可能な社会をつくる原動力にもなると思うのです。

1日24時間をどのように過ごすことが、私たちにとって、そして地球にとって持続可能なのか。このような視点が、現代の危機的状況を打開するカギになると思います。

参考文献

今村仁司（1998）『近代の労働観』岩波新書
角橋佐智子・角橋徹也（2003）『オランダにみるほんとうの豊かさ』せせらぎ出版
熊沢誠（2003）『リストラとワークシェアリング』岩波新書
C・ダグラス・ラミス（2000）『経済成長がなければ私たちは豊かになれないのだろうか』平凡社
暉峻淑子（2003）『豊かさの条件』岩波新書
フランツ・アルト（2003）『エコロジーだけが経済を救う』村上敦訳、洋泉社
（2003）『新版　教育学がわかる。』朝日新聞社

解説

ESD（持続可能な開発のための教育）とは？

阿部　治

○あべ　おさむ
1955年生まれ。筑波大学、埼玉大学を経て、2005年より立教大学社会学部教授。専門は環境教育、ESD。日本における環境教育・ESDの草分けとして活動。現在、ESD-J代表理事、日本環境教育フォーラム常務理事など。

新たな環境教育の登場

環境教育を始めとする地球的課題の解決を意図する教育活動には、他に開発教育や国際理解教育、平和教育、人権教育などがある。地球的課題を扱うことから、ワールド・スタディやグローバル・スタディなどとも総称されるこれらの教育は、１９７０年代以降、特に74年のユネスコ総会における国際教育の推進決議を契機に、国際的取組が強化されてきた。当初は個別に行われていたこれらの教育活動は、80年代に入り、課題の広がりや地球環境問題の顕在化、グローバリゼーションの進展などとともに、相互不可分の関係であることが認識されることとなり、その重なり部分は、「持続可能な未来のための教育」「持続可能な社会のための教育」「持続可能な開発のための教育」などと呼ばれるようになった。

特に「持続可能な開発」の具体化を目指した地球サミット以降、これらの教育は互いに連携して取り組む動きが国内外で始められた。わが国では関連の団体・個人が「未来のための教育推進協議会」を１９９７年に設立している。地球サミットで持続可能な開発の国際指針として決議されたアジェンダ21の第36章「教育・意識啓発・研修」では、環境教育と開発教育を環境・開発教育として一対のものとして位置づけ、持続可能な開発達成のための教育の重要性を指摘した。そして第36章のタスクマネージャーであるユネスコは、1998年4月の国連持続可能開発委員会（CSD）による第36章のレビューの準備を兼ねて、1997年に、10年ごとに開催している環境教育国際会議をギリシャで開催した。開催地名を冠したテサロニキ会議では、持続可能な開発を目指した環境教育の視点から、環境教育の課題をとりまとめ、これらをテサロニキ宣言として発表した。

テサロニキ宣言では「持続可能性は環境のみならず、開発や貧困、食料、人口、人権、平和などを包含した概念である」ことや「環境教育を環境と持続可能性に関する教育と呼んでもかまわない」とされた。このことは、従来の狭義の環境教育から広義の環境教育への質的転換が国際的に宣言されたことを意味している。ユネスコと同様、環境教育の推進を国際的にリードしてきた国際自然保護連合（IUCN）も地球サミット以降、環境教育を持続可能な開発を指向する教育として位置づけた取り組みを展開している。

一方、2000年に開催された国連総会において、20世紀に実現することができず、21世紀に持ち越した課題を整理して、これらの課題の早急な解決を国連ミレニアム開発目標（MDG）として提唱した。MDGは、環境や貧困、識字、感染症などの切迫した諸問題を2015年までに改善することを目指している。

持続可能な開発のための教育とは何か

前述のような国際的な背景の下、2002年のヨハネスサミットにおいて日本のNGO・政府が共同で持続可能な開発のための教育（以下、ESD）の国連の10年を提唱した。その意図は持続不可能性がますます進行している現在、持続可能な開発の視点に立った意識変革が最重要課題であり、教育・学習の国際的運動が必要であるというものであった。この提唱は国連ミレニアム開発目標の実施と重なることからも国際的に歓迎され、同年末の国連総会において、05－14年をESDの10年とすることが全会一致で決議された。これまでは、環境・開発教育、持続可能な未来のための教育、など多様な呼称をもっていた広義の環境教育であったが、国連ＥＳＤの10年（以下、ＵＮＤＥＳＤ）を契機に「持続可能な開発のための教育（ＥＳＤ）」として国際的に定着してきた。

ＵＮＤＥＳＤの担当機関であるユネスコは２００４年の国連総会に国際実施計画案を発表した。この中で、既存の教育制度を持続可能性の視点から組み替え、人々が抱いている持続可能な社会への思い（ビジョン）を発展させることがＥＳＤであるとしている。そしてＥＳＤの特徴として、①学際性、②総合性、③価値による牽引、④批判的な思考と問題解決、⑤多様な方法、⑥参加型の意思決定、⑦地域との関連などをあげている。国際実施計画はその後、修正が加えられ２００５年10月のユネスコ第１７２回執行委員会で承認され、決定された。

国際実施計画では、ＤＥＳＤの目的は、「●ＥＳＤのステークホルダー間のネットワーキング、連携、交流、相互作用を促進する。●ＥＳＤにおける教授と学習の質の改善を促進する。●ＥＳＤの取組を通して、ミレニアム開発目標（ＭＤＧ）に向けて前進しこれを達成できるよう、各国を支援する。●教育改革の取り組みにＥＳＤを組み込むための新たな機会を各国に提供する」

表１　従来の環境教育とESDの違い

	従来の環境教育	持続可能な開発のための教育
対象	個人の態度の変容 認識 知識 理解 技能	社会経済構造とライフスタイルの転換 倫理観 未来志向型 参画 批判的振り返り 行動する力
方法	トップダウン	ボトムアップ
	結果重視	プロセス重視
	量的価値	質的価値
	教え込み	学び
	管理	育成

IUCN (2000) をもとに阿部が作成

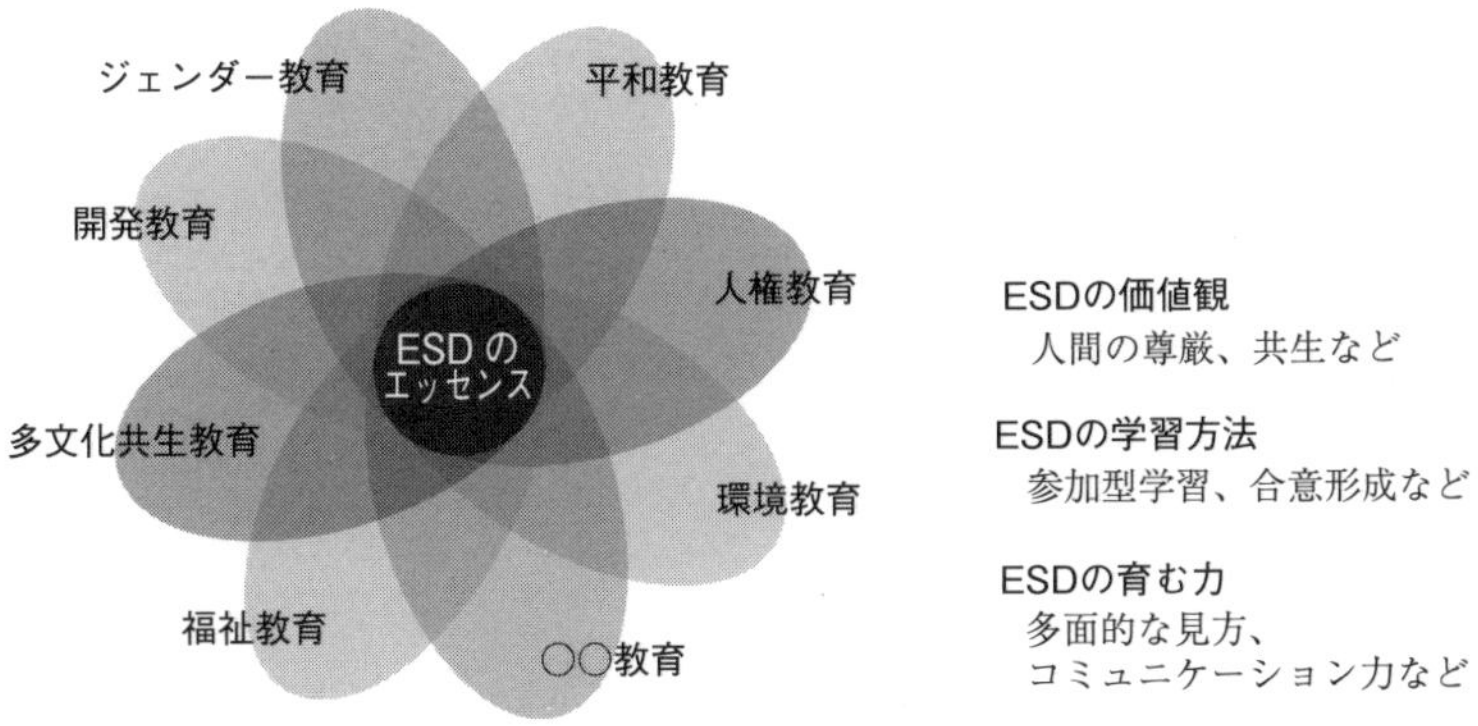

ESD-J が作成（2003）

図1　ESDのエッセンス

とされた。また同計画ではDESDはMDGのみならず、万民のための教育（EFA）や国連識字の10年（UNLD）とも密接に関連しており、協働で実施していくことが強調されている。

広義の環境教育ともいわれてきたESDであるが、従来の環境教育と比較すると、対象（目的）や方法は大きく異なる。長年、ESDの議論を行ってきたIUCNの論点をまとめると表1のようになる。またUNDESDの日本のNGO推進組織であるESD-JはESDの概念図として図1を用いている。広い意味での持続可能な社会の形成にかかわるあらゆる教育活動がおのおの視点（特徴）からESDを構成しており、その重なり部分はESDのコア（エッセンス）ということができる。たとえば環境教育は、生態学的持続性（循環と生物多様性の確保）の追求という独自の課題（特徴）をもちつつ、価値観（人間の尊厳の尊重、自然への畏敬の念、多様性の尊重など）や学習方法（参加型学習、体験学習、合意形成など）、育む力（多面的な見方、コミュニケーション力など）は共通のエッセンスなのである。

しかしIUCNやユネスコも指摘しているようにE

ＳＤの概念は形成途上にあり、明確ではない。いずれにしてもＥＳＤは地域の自然や社会・文化・宗教などの違いによって多様であり、他から強制されるべきものではないだろう。わが国のユネスコ国内委員会（事務局は文科省）によるＵＮＤＥＳＤ推進のためのユネスコへの提案文書（２００３）では、ＥＳＤは、地域の自然や文化に応じた多様な形態が存在していること、日本の総合的学習の時間はＥＳＤの事例であることなどに言及している。

日本におけるＥＳＤの動き

わが国において、従来から行われてきた持続可能な社会の実現を目指した活動は、大きく自然系と生活系、地球系の取り組みの三つに大別することができる。これらの活動は互いに連携することなく推移してきたが、90年代以降、持続可能な地域づくりなどを通じて互いに近づき、重なるようになってきた。持続可能な社会づくりのために「地球規模で考えて足元から行動する」活動が生まれてきたのである。学校における総合学習や環境自治体などの総合的な地域づくり、企業における社会的責任行動（ＣＳＲ）などを含む総合系ともよべる三者の重なり部分は、ＥＳＤに他ならな

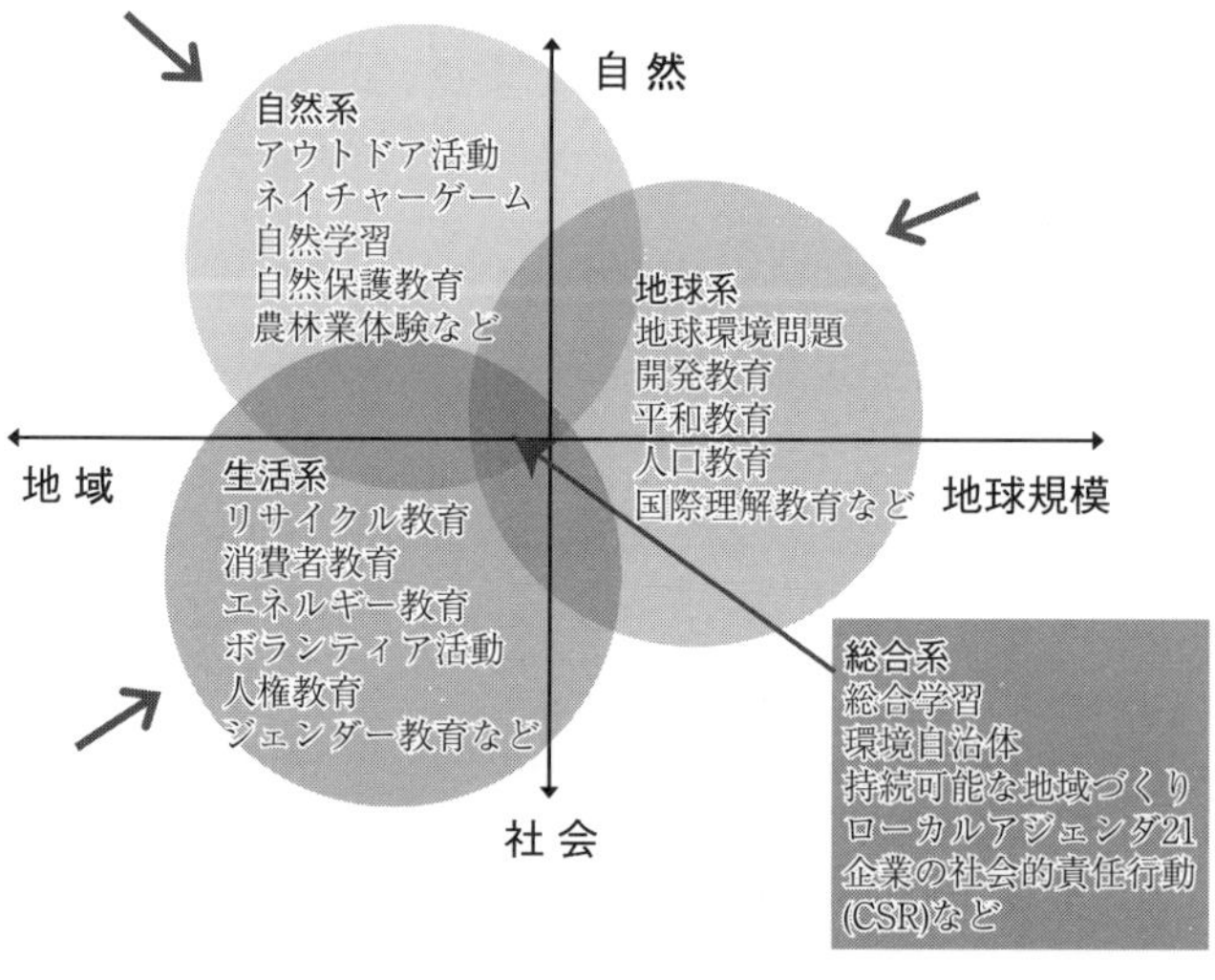

阿部が作成（2000）

図２　日本におけるESDの登場

い（図2）。

ＤＥＳＤの提案を行ったＮＧＯ（ヨハネスサミット提言フォーラム）の解散に伴い、ＤＥＳＤを推進していく新たな組織設立が必要となり、「持続可能な開発のための教育の10年推進会議（ＥＳＤ-Ｊ）」が03年に設立された。推進会議には環境、開発、人権、青少年教育などＥＳＤにかかわる多くの団体（05年末95団体）が加盟している。分野横断型のＮＧＯはわが国では初めてであり、市民社会形成に向けた実験とも言える。

全国レベルでの動きと共に、地域においても、ＥＳＤが接着剤となり、これまで交流してこなかった、たとえば、環境と人権、福祉、町づくりなどの団体・個人が、分野や立場、年齢などを越えて集まり始めた。ＥＳＤは人と人、人と社会、人と自然、地域と世界、現在と未来など、あらゆる「つながり」を意識し、つなぐ活動であるが、まさにこのことが現実化してきたのである。

従来から行われてきた各地の地域づくりの活動には水俣市をはじめＥＳＤとよべる多く事例があるが、ＤＥＳＤの動きを受け、岡山市や大阪府豊中市の活動などが新たに始まった。またＤＥＳＤの推進組織の一つである国連大学（本部と東京）は、大学を核としたＥＳＤモデル地域（ＲＣＥ）の選定を国際的に行っており、日本からは岡山市と仙台広域圏などが選定されている。

国内におけるＤＥＳＤ推進の視点としては、①日本の生産と消費を持続可能に改める。②持続可能な日本社会のビジョンを描く。③持続可能な地域社会の視点からさまざまな活動を総合化する。④社会参加を目指すアクションリサーチの推進によるエンパワーメント。⑤地域と世界を結ぶ。⑥あらゆるステークホルダーを網羅した推進体制をつくる、ことなどがあげられる。

引用・参考文献

ユネスコ（2003）（２００５）「持続可能な未来のための学習」立教大学出版会
ユネスコ（2004）「ＤＥＳＤ国際実施計画書案」訳はＥＳＤ—Ｊ ２００４年版活動報告書に掲載
ユネスコ（2005）「ＤＥＳＤ国際実施計画」
阿部治（２００５）「持続可能な社会をめざす環境教育」『21世紀の環境とエネルギーを考える』28号、19-32頁、時事通信社
ＥＳＤ-ＪのＵＲＬ（www.esd-j.org/）
ユネスコのＵＲＬ（www.unesco.org/education/tlsf/）

自然と人と神々と

─バリ島の暮らしの知恵─

星野　圭子

○ほしの　けいこ
1962年東京生まれ。2000年12月、大学卒業以来14年勤めた会社を辞め、キッズゲルニカのネパール展覧会にボランティアスタッフとして参加。その後、キッズゲルニカ国際委員会事務局長として現在に至る。

www.kids-guernica.org

グスティさんとの出会い

世界の観光地として有名なインドネシアのバリ島。年間平均気温が25度以上という南国の島で、自然が豊かで神秘的な島です。そこに私の大事な友人であるグスティさんが暮らしています。初めてバリを訪れたとき、私は、村のお祭りが見たくて、ツーリストオフィスに行き、「どこかでお祭りはありませんか?」と聞きました。夕方6時から、タマン村のお寺でお祭りがあると教えられ、昼間のうちに場所を確認しておこうと思い、タマン村への道を歩いていました。道の両脇には、数段の階段の上に各家の門があり、民家が立ち並んでいました。「普通の民家で暮らす人のことも知りたいなあ……」などと思いつつ、一軒の家の門をのぞくと、優しい笑顔と目が合い、「こんにちは」と声をかけられました。その声の主がグスティさんでした。「どうぞ」と招き入れられ、お茶をご馳走になりました。彼は高級ホテルで働いていた経験があり、お客様と会話するために独学で学んだ流暢な日本語を話します。今は、忙しすぎるホテルの仕事を辞め、「農業が私の仕事です」と、輝くような笑顔で話すのです。すっかり仲よくなり、夕方のお祭りも案内してくれました。その後、彼の自慢の田んぼも見せてもらいました。

グスティさん夫妻と

バリでは、一年に3回もお米が取れるそうです。しかし、土地がやせてしまうので、2回しか作らないという約束になっているそうです。バリの人たちは、バンジャールと呼ばれる小さな村組織を基本に生活しています。「共同体」と彼らは言います。農業もお祭りもお葬式も何もかも、この共同体単位で協力して行われています。共同体ごとに話しあわれ、決められた時期に田植えをし、田んぼの広さに応じて順番に水を入れます。使用してよい農薬とその量もきちんと決められており、田んぼの中にあるお寺に掲示されています。彼の言葉で驚いたことは、米を作っている農家は、山に住む人々に感謝の意を込めて寄付を送ると言ったことです。思わず「どうして?」と聞くと、山に木があるから田んぼに十分な水が来るからだよと、笑って答えてくれました。そして、肥沃な土地を守る農家があって、十分な養分を含んだ土砂が川を伝って海へ流れ、豊富な漁場を作り、漁民も潤うんだよと、若い彼に教えられ、私は感心してしまいました。

ふつうにエコライフ

グスティさんは、7人兄弟の5番目ですが、年老いた父親を気遣い、家業をついで農業をしています。お米は家で消費するばかりではなく、嫁いだお姉さんや妹さんの家にも持っていくそうです。田んぼの周りには、バナナ、サツマイモ、タピオカ、パパイヤなど、いろいろな作物が実っています。ヤシの木も大事な財産です。ヤシの木にスルスルと登って、実を落とします。中のジュースはもちろん飲みますが、実からは油を作ります。固い皮の部分は干して、燃料になります。ヤシの葉は、お供えつくりに欠かせません。若いヤシの葉を使って、さまざまなものを作ります。家の中、田んぼのお寺など、あらゆるところに神の存在があり、お供え物を欠かしません。帽子や、鶏を入れるバックもヤシの葉で作ります。

田んぼの周りを散歩していても、この草は胃腸薬になるとか、この草は血止めの効果があるなど、本当にいろいろな知識を彼は持っています。朝早く起き、田んぼの様子を見て、子どもたちを学校まで送り、昼間の暑い時間は家でのんびりし、夕方涼しくなったら、バンジャールの集会場でお祭りの準備をしと、ゆったりした時間の流れの中で、自然とともに生活している彼らを、私はうらやましく思います。バリにお祭りが多い理由は、彼の言葉を借りると、さまざまなものに誕生日があるからだそうです。木の誕生日、水の誕生日、火、土、米、ナイフ、車、バイクなど、あらゆる物に誕生日があります。あらゆるものに神が存在し、自然にも物にも、感謝の気持ちを忘れずにお祝いするということなのでしょう。

（写真提供／永原孝雄）

II 持続可能な学び

現場からの声を聴く

山のいのちと共生する

―タイマグラばあちゃんの知恵―

奥畑　充幸

「タイマグラ」は地名です。国土地理院の地形図にもカタカナで表記されています。「タイ」「マク」「ル」と分けてアイヌ語源であるとする説があります。それぞれの音は「森」「奥」「道」を表すのだそうです。岩手県の北上山地、その最高峰である早池峰の東麓に小さな扇状地があります。そこが「タイマグラ」です。

私はそこへ今から18年前の夏にやって来ました。空き家を借りて、小さな山小屋を作るためでした。案内をして下さった役場の方が帰り際に「裏におじいさんとおばあさんが住んでおられるから後で挨拶しておいてください」と言われました。電気も通っていない山奥の開拓地だと聞いていた私は、思ってもみなかったお隣さんの存在を喜びました。

翌日訪ねてみるとおじいさんは相撲取りのように立派な体格の方で、どっかりと座っておられました。挨拶をする私をじっと見据える目は、何やら人の心までも見透かす力を持っているようでした。「ハアー、こちらこそよろしく」と愛想よくお茶を入れてくれたのはおばあちゃん。にこやかな対応に初対面であることを忘れさせるような

○おくはた　みつゆき
1961年大阪府生まれ。山小屋従業員、土木作業員などを経て現在岩手県タイマグラで山小屋を経営。3年前より早池峰エコツーリズム推進協議会を結成。タイマグラ早池峰地域でツアーを展開中。

親しさを感じました。

その日からタイマグラでの暮らしが始まりました。じいちゃんばあちゃんとの付き合いも始まりました。

一番初めの仕事

一番初めの仕事、それは水の確保でした。私は「男寡に蛆が湧く」の標本のような人間で、お風呂に毎日入らなくてもまったく平気だし、気がつけばほとんどの衣類が汚れ物になっているほど洗濯は溜め込むし、料理ができ上がってから皿洗いを始めるといった具合の暮らしをしていました。が、それでもさすがに水だけは必要だなと感じて、裏にあるタイマグラ沢にスコップをかついで行ったのでした。

何だか呼ばれたような気がして、高い所に目をやると、裏のじいちゃんが立っていました。「おはようございます。水源を探しているのですが…」と言うと「もっと上さこー、あのクルミの根さ掘ってみろ、いい水さあるはんだ」と杖で川上を指して教えてくれたのでした。なるほどそこには細かい砂をキラキラと躍らせてきれいな水が湧いていました。じいちゃんに『ここに住んでもいいぞ』と言われたようでうれしかったものです。１００ｍほどホースをつないで、高低差だけで水を呼んできました。冷たい水が家の前に勢いよく出たときには、言葉にならないほど感動したものです。

でもそんな簡単な水道ですから、大雨が降ればホースごと流されてしまいますし、冬の寒い日には上から下まですべてが氷になってしまうこともあるのです。冷たいを通りこして痛いような川に手をつっこんでホースを回収し、一日がかりで水道復旧なんて日には一体オレは何をしているのかと思ってしまいます。

でも私はこの水道が好きです。何より水がおいしいし、イワナや川虫と同じ水を飲んで暮らしておりますと、水道の背景である川や森に自然と目が行くようになるからです。昔営林署が森に埋めたダイオキシン系の除草剤も気になるし、川上の森が伐られれば水量が減るのではと気が気ではありません。砂防だ、治水だといまだにダム建設を止めない国や県に対しては本当に腹が立ってきます。日本全国のどんな人だって結局は森が貯めてくれた川の水を飲んでいるはずなのに水道の水と森とを結びつけて考えられていないように見えるのです。

「オラが嫁っこに来た昭和28年のあたりは川の水は今の3倍くらいはあったーよ」「3倍はいくらなんでも大げさなんじゃない？」。いぶかる私にばあちゃんは続けました。「ぽんがじゃねー（ウソじゃない）おじいさんは山のクリの木をハビロ（まさかりのような刃物）で粗方角材にして筏こさえて、下におろしたんだ」。なるほど今の水量では筏は無理だろうな。「そんだら何して川の水減ったのよ？」「山の木が伐らさったからだべ」。そんなことは当たり前だろうといった顔でした。

20世紀の終わり頃林野庁は4兆円に近い借金を抱えてお手上げ状態になりました。「今後は水源涵養等等森林の持つ公益的機能を重視した施行を進めたいと考えており…」まるでたった今わかったような言い回しでした。じいちゃんやばあちゃんの常識が。

ジャガイモの話

秋が来ました。実りの季節です。「芋を掘ってすけられてーが」ばあちゃんが頼みに来ました。確かに芋掘りは結構な重労働です。お礼だといって一輪車いっぱいにジャガイモをくれました。

「このくらいあればよかべ、一人しては食いたさねーんだ、春までに」「ばあちゃんこんなにはいらないよ。きっと腐ってだめにしちゃうよ」「なーに畑の土にかっこんでけとかんせ、1尺べーりも土かけて。保つんだーが春までは。何ともねー」。

本当でした。雪は保温材となって土は適度に水分を与えて芋だけでなく人参も大根も春になっても十分食べることができました。冷蔵庫では乾燥しすぎたり、腐ってしまう野菜が電気も使わずに保存できるのです。素晴らしい知恵だなと思いました。

ばあちゃんはそのジャガイモをさらに手間をかけてホド（ジャガイモ）の粉に加工します。これは芋を冷凍乾燥して粉にした保存食です。1月の中旬から2月の中旬にかけてつまり一年で一番気温の低くなる頃作業は始まります。

夕刻、雪の上にシートを広げ、保存していた芋をその上に重ならないように並べます。このとき夜に雪が降ったのでは上手くありません。雪が布団の役をしてしっかり凍らないからです。夜じゅう晴れて、明け方には放射冷却のためマイナス15度を下回る、そんな日がいいのです。翌朝石のようになった芋を回収してぬるま湯につけますと、凍みが融けてブヨブヨになります。その皮を剥き、一つずつ針金に通していくとまるでネックレスのような形になります。ネックレスは10ずつロープで束にされ、家の横を流れるタイマグラ沢に浸けられます。1週間から10日ほどして雪の上に引き上げてみて、芋から赤っぽい汁が出なければOK。今度は家の外壁に打ち付けられた釘に一つずつ引っ掛けて回ります。ズラリとならんだ芋ネックレスは日中太陽光にさらされて、凍みが融けると、ポタッポタッと雫を落とします。そして夜が来れば、芋の中に残された水分がまたガチッと凍りつき組織と分離します。

ズラリと並んだ芋ネックレス

1ヵ月もこれを繰り返せば芋はまるで発泡スチロールの玉のようになってし

まいます。針金から抜いて、石臼で静かについて、さらに篩《ふる》いにかけてやればやっとホドの粉の完成です。ビニール袋に入れて湿気を寄せ付けないようにすれば3年でも5年でも大丈夫とばあちゃんがいいました。食べるときに熱湯で湿し、よくこねて、鳥肉などでとっただしに落としてやると、こんにゃくのような不思議な食感になって美味しいものです。

ばあちゃんはこのホドの粉を立派な芋ではつくりません。ピンポン玉くらいにしか成長しなかったものや土から飛び出して少し緑色になったのや、ネズミにかじられてしまったのやら…。そんな芋たちを選んでこしらえるのです。「痛ましいから（可愛そうだから）。できの悪い芋でも、ちっちゃっこい芋でも食ってやんねば痛ましいから」。どうしてそんなにまで手間をかけてこしらえるのかという問いに、ばあちゃんはそう答えました。

ばあちゃんはいつもそんなふうにして一年中食べ物をこしらえてきました。一体一生に何人分の食べ物を生み出してきたのでしょうか？　私のように自分一人の食べ物さえ作り出せない人間は、実にばあちゃんのような人のお陰で生きて行くことができるのだなあと思うのです。

冬を越すために

さて秋も深まり早池峰に雪がつくようになりました。ある日私は、何だか落ち着かない気分になっている自分に気づいたのです。理由ははっきりしませんが、今までと違うことだけは確かです。対象物の極めて曖昧な不安といった風でした。体の具合が悪いわけではないし、だいぶ食いつぶしはしたけどまだ少々のお金もあるし、と自己分析してみても埒《らち》があきません。柄にもなくなかなか寝つけない日が続きました。それが思いがけず解決したのは買い物に行った日でした。

当時私の乗っていた車はオンボロの軽トラック、気温の低いここ数日はエンジンがかからないという代物でした。久しぶりに晴れてポカポカとしていたその日、もしかしたらと試してみたらエンジンがかかったのです。ここで会ったが百年目！と私はエンジンを止めずに家に走り、財布を持ってきました。なにしろタイマグラから最も近い商店までが約10キロ。今日行かなかったら春まで車は雪に埋もれてザックを担いで徒歩でお買い物となるのは必至です。

農協のお店で買ったものは30キロのお米でした。やれやれこれで一安心と重い袋を担いで家へ入り、さてどこへ置いたものかと考えました。夜になるとクマネズミが運動会をやらかすわが家ではどこへ置いても不安なのです。えーいと私は枕元において寝ることに決めました。するとどうでしょう。昨日までのブルーな気持ちはどこへやらぐっすりと眠れるではありませんか。不安は完全に去ったのです。

私の不安はイソップのキリギリスみたいに冬を越せないんじゃないかという極めて動物的なものだったのです。私の食べ残したものを箪笥の後ろにせっせと運んでいたクマネズミと同じレベルだと私は一人苦笑しました。考えてみればじいちゃんばあちゃんの家には、大量の食料が備蓄されていました。

雪の下ではジャガイモ、人参、大根、カブ、ゴボウがたくさん眠っています。風呂桶より大きな味噌コガ（樽）には今春口開けをしたもの、昨年仕込んだもの、来年口開けをするものと3種類あり、その他に来春の仕込みを待つ大豆が肥料袋に何袋も保存されているのです。あずきもありますし、これが昔ならソバ、ヒエ、アワ、キビなどが櫃に入れられており、さらにドングリやトチの実もかますに入って囲炉裏の上の棚にあったといいます。これだけあれば万全です。たとえ輸入食料が突然入ってこなくなっても2、3年びくともしません。

「衣食足りて礼節を知る」は世の常ですが、じいちゃんたちは一歩進んで礼節を失わないために日々備えていたのではないでしょうか。食料自給率をどんどんと下げてガソリン代が1円も上がると血相を変えるようでは、たちまち礼節を失い他国のものをぶんどってくることが正当化されるのではと思います。人が国が優しさを失わないために今もっと真剣に食べ物のことを考えたほうがいいと思うのです。

シダミの話

食べ物の話の中にドングリがでてきたことを不思議に思われる方もいることでしょう。けれどもここ北上山地では70年くらい前までドングリは立派な食べ物であったし、今でもその加工品を口にすることができるのです。当地方でシダミまたはスッダミとよばれるそれは、秋に拾い集めたドングリの殻を取り去ったものです。たくさんのタンニンを含んでいるので腐りにくく虫もつきにくいのだといいます。

食べるときには灰を入れた水で煮て、その水を何度も取り替えることで、強烈な渋つまりタンニンを流し去るのだそうです。でき上がったものはアンコのような外観で食感もそれに近いのですが、不思議なまでに味がありません。しいて言えば水のような味がするのです。初めて市場で見つけたとき私は喜んで買ってきてばあちゃんに見せたものです。「まだ作っている人がいるんだね。一緒にたべようよ」とすすめてみたのですが、ばあちゃんは大きく頭を振りました。「かねー、オラーそれは一生分食ったすけー。かねー、見ったくねー」と言うのです。

ばあちゃんが子どもの時分、秋の収穫を大切に大切に食い延ばしても、春の始めまだ山菜が出てくるには少し早い時期、食料の粗方を食べつくしてしまうのだそうです。そのときシダミを食べたと言うのです。「朝、昼、晩と毎がたけ（三度三度）それかせられた（食べさせられた）んだ」。それも決して飢饉のときの非常食ではなく、毎年その頃になるとそうだったのだとばあちゃんは念を押しました。

「ほんのけかじのとき（本当の飢饉）はそれもなくなんだ。そのときはクゾ（クズ）だーり、ワラビだーりの根掘ってきて根餅こさえて食ったんだ」。水のように薄い麦粥にドングリをたくさん入れて増量剤とし、それを三度三度。しかもそれが尽きれば親父さんがワラビの根を掘ってきて大きな船の中で突き崩し水の中に沈殿した澱粉を鍋で煮て食べたと言います。いわゆるワラビ餅で今なら高級和菓子ですが、それも砂糖なしで毎食と聞けば気が遠くなりそうです。

「そうやっていのちつなぎしてきたんだ」。その頃いのちというものはともすると危なく切れてしまいそうになるものだったといいます。それを何とかつないでばあちゃんたちは生きてきたのです。いのちというものに対する考えは今の私たちとは根本的に違っているのです。

大足の話

いよいよ冬がやってきました。タイマグラの積雪は平年ならよく降っても1尺程度（約30センチ）とたいした量ではありません。しかし気温の方はマイナス20度になることもある厳しい場所です。

1尺ほど積もった朝、ザクッザクッと裏から音がしてきました。私の家とばあちゃんの家は30メートルほど離れており、その間をカンジキをつけて歩いて来たのです。

「街道をつけてきたじぇ」ばあちゃんはそう言って笑います。カンジキというのは木の枝を曲げて輪をこしらえ、その内側にロープを張り足を乗せられるように作ったものです。長靴などに取りつけることによって足裏の面積を大きくし、雪に沈まないようにする道具です。雪が深いときこれをつけるとつけないとでは、疲れ方がまるで違ってくるのです。けれどもばあちゃんは沈まぬようにというよりは我家とばあちゃん家の間に人一人が通れるだけの道を作るためにはいて来るのでした。

今のように隅々まで雪掻きしてくれることがなかった昔、雪の降った朝にはそれぞれの村人が隣の家まで道をつけていたのでしょう。それは実用的な意味はもちろんでしょうが外とつながっていたいという精神的な意味も大きかったのではないでしょうか。

「ここで暮らす人はぜひとも大足（カンジキ）をこさえねばわかんねえもんだ（いけないものだ）」とじいちゃんが言ったので教えてもらうことにしました。

まず材料を採って来なくてはなりません。「何の木で作ればいいんですか？」「オヒョウダモの枝」。じいちゃんの説明によればこの辺りに自生するオヒョウダモという木の枝で、しかも理想的には直径30センチくらいに育った木を根元から切り倒しその切り株から生えてきたひこ生えの2～3年目がよいというのです。まさかカンジキ一つこしらえるために大木を切るわけにもいかないので、そのくらいの太さの枝を見つけてできるだけまっすぐな部分を使えばよいのだろうということになりました。

ところがオヒョウダモが見つからないのです。植物図鑑を調べたところオヒョウというは見つかったのですが、じいちゃんはこれではないというし。教えてもらい始めたのが冬だったので木に葉っぱがついていないのです。しつこく尋ねる私に、じいちゃんはストーブの近くに積み上げられていた柴の中から1本の枝を手渡してくれました。「これがオヒョウダモだ。太さもこのくらいでよい、これと同じのを見つけてきなさい」。それからしばらくの間外出のときはいつもこの枝を握って出かけましたがなかなか見つかるものではありません。やっと見つけたのは歩いて下の集落まで買い物に出たときでした。例のオンボロ車がまったく動かなくなっていたので往復20キロの道を歩いたのでした。

よし、やっと見つけたぞと、その枝を持ってじいちゃんに見せに行きました。どうです。間違いないでしょう。6キロくらい下がった所でやっと見つけましたよと報告する私を前にしてじいちゃんはふーっとため息をつきました。ややあって、どっこいしょと腰を上げると壁にかけてあった小さな鋸《のこぎり》を私に手渡し「あべ」といいました。この辺りで「あべ」というのは「一緒にこい」という意味です。

玄関を出て行くと10メートルほど行った所で立ち止まり、道端の木を指さして「あれさ切れ」というので、親指くらいの太さの枝を切りました。「あれさも、これさも…」と言われるままに切っていると、たちまち10本ほどの枝が集まりました。「じいちゃんこれ全部オヒョウダモですか?」。じいちゃんは黙ってうなずきました。

その足でじいちゃんは馬屋へ行き、土間で焚き火をおこしました。その横にどっかりと腰をおろして軍手を二重にはめるととってきたばかりの枝を火の上にかざしました。

くるくると回しながらまんべんなく焼いています。枝の表面は真っ黒に焦げ、木口からは中の水分が沸騰しシューシューという音をたて吹き出しています。

頃合を見切ったのかじいちゃんは曲げた膝に厚い布をかぶせると、枝の両端を持ち、膝頭の少し下に枝の中心をあてがい一気に曲げてしまいました。80センチほどの枝はきれいなUの字になりました。元にもどらないように針金で固定し、次々と曲げていきます。

「やってみなさい」とうながされて、私もやってはみたもののちっともうまくいきません。焼きすぎて炭になってしまったり焼き足りず途中でピシッと折れてしまったり。じいちゃんの仕事が手品のように見えてきました。

Uの字四つで1足分の材料になります。軒下に吊るして1週間も乾燥するともう針金をはずしても元にはもどりません。山刀で両端を削り、微調整を行いUの字二つできれいな小判型の輪をこしらえます。針金で仮留めをして縄をかけるのですが、これもよく考えられています。1本の縄で二つの枝をしっかりと固定し、かつ人の足が乗る部分も形づくるのです。体重がかかればかかるほど縄全体がひきしぼられ、ゆるむことがありません。

「わしらは平地より(しか)歩かないので、これでよい。マタギは山へ行くのでこれに爪をつける。マタギは何日も山さ入るのでぜひとも大足のこさえ様を覚えておかねばわがんねえんだ。山の中で壊れてもすぐあたりの木で修理できるように」。なるほど山の人はいつも腰に山刀を帯びています。目ききさえできれば、材料が周囲に山のようにあるのです。あとはそれを活かす技術。何人もの先人が試行錯誤を繰り返した知恵の結晶をじいちゃんたちは受け継いでいるのです。

何事につけ壊れたら捨て、新しいものを買ってくるしか道のない私たちとどちらが豊かなのでしょうか。「コツは何ですか？　どうすれば木はうまく曲がりますか？」。しつこい私にじいちゃんは笑って答えました。「仕事は仕事に教えられるもんだ」。

鋸の目立ても鎌や山刀の研ぎ方も、教えてほしいことはまだまだたくさんあったのに、じいちゃんはその年の秋に亡くなってしまいました。そんなじいちゃんの思い出で一番強烈だったのはワラビの話です。

タイマグラで迎える初めての春。それは本当にうるわしいものでした。壁の隙間から粉雪が吹き込み家中のものが石のように凍りついた冬。マイナス10度を下回る日が何日も続きました。少し大げさに言えば、タイマグラでは一年の半分が冬です。それがやっと終わりを告げ、躍動の季節を迎えるのです。ホオジロは恋の歌をさえずり、バッケ（フキノトウ）やカタクリが土から顔を出してくるのです。それだけでもうたまらなくうれしいのです。久しぶりに訪ねてくれた友人が何をそんなにウキウキしているのかといぶかるくらい、喜びを隠せないのです。

そんな日にばあちゃんの畑に行きました。ばあちゃんは見当たらず、畑の隅にじいちゃんが座っているのを見つけました。

「おはようございます」手元に目をやると、太い指の間からワラビが5、6本。見れば周りにはまだ小指ほどもある太いワラビがたくさん生えていました。「じいちゃん取って助けるよ」私の手はすぐいっぱいになりました。「ハイ」と差し出したワラビを前にじいちゃんは「こんなに取ってはわがんねえ（だめな）もんだが」「は？」

「これだけあるときはこれだけ取る」。そういって片手を広げ、そのうちの親指と人差し指をもう片っぽの手でギュッと握って見せた。「ハア?」「来年さも再来年さも10年後も20年後も同じように生えてくるように取らねばわがんねえもんだが」。

これには参りました。ぶん殴られたようなショックでした。私は高校を出てから自然保護を仕事にしたい、そう思い続けてきたつもりでした。岩手の山奥に山小屋を作ったのもその方便でした。けれどもなぜ人が自然をまもらねばならないのかという一番大切なところをわかってはいなかったのです。たった今、この90歳を越えた人からそれを思い知らされた気がしたのです。持続可能な社会、もしくは持続可能な文化というものは、人間そのものの存在を許す自然の持続性が保障されて初めて成り立つのだといいます。

考えても見てください。シダミや粥ばかりが毎日の世界に突然ご馳走が地面から生えてくるのです。バッケがゴミがギョウジャニンニクが…。だれだって手当たり次第に取って、腹いっぱい食べたいのです。それが普通だと思います。

しかし欲望の赴くままに取ってしまっては次の年の収穫が確実に減ってしまうのです。長い長い人の歴史には私のような愚か者が何人も登場したことでしょう。そして翌年山菜が思うように出てこないで困ったことでしょう。場合によっては体力のない子どもや年寄りが死んでいったかもしれません。生き残ったものは必至で伝えようとしたはずです。「取りすぎるな。後々のことを考えよ」。

じいちゃんが口だけでなくあえて二本の指を握って見せたのもそういう子どもにわかるような形で何百年も伝えてきたからではないでしょうか。

「タラの芽の2番こは取るな」「ウドの株は半分残せ」「アカフキはうまくないから取るな」。じいちゃんたちの山菜採りはいつも半分以上は手をつけないようにと教えています。山の自然がいつもよい状態であることが、自分たち人間の暮らしのよい状態に直結していることを見抜いていたのだと思います。

味噌作り

じいちゃんが亡くなってからもばあちゃんはタイマグラに住んでいました。麓にあるお孫さんの家にお世話になるという話もあったのだそうですが、「動けるうちは人の厄介にはならねー」とばあちゃんは残ったのでした。そしてじいちゃんが生きていたときと何も変えずに百姓の仕事をしていました。

春は堆肥を運び芋や種をまき、夏は3時頃から起き出して一日中草取りに精を出す。秋は収穫。芋を掘ったり大根を抜いたり豆を打ったりどれをとっても70を越えた人には重労働です。

でもばあちゃんの口から弱音を聞いた覚えはただの一度もありません。「なーにオラー百姓だもの。百姓が畑で稼がねーで何するって」腹の据わった人の言葉でした。何の迷いもないそんな仕事っぷりでした。

冬になってもじっとはしていません。凍み大根、凍み豆腐、凍み芋と、寒さがなければ作りえない保存食作りに忙しいのです。そして冬の総仕上げは3月の味噌仕込みです。朝7時頃味噌豆の踏み方を頼まれて、ばあちゃんの家に上がっていくと玄関に入る前から豆を煮る甘い香りがながれてきたものです。

ばあちゃんは6日間で1石5斗の大豆を煮ました。実に1斗缶で15個分の大豆です。ヤタ釜と呼ぶ五右衛門風呂のような釜に前日から水と一緒に大豆が入っています。釜の周りはレンガで囲まれて前日からの余熱のせいもあってもう充分に水をすってふくらんでいました。さらに明け方からばあちゃんがナラ薪の太いのを2、3本もいれたので豆はモリモリと盛り上がり、ワラでできた帽子のおばけのようなフタ（豆が吹きこぼれないよう工夫した落とし蓋のようなもの）を持ち上げていました。大きなザルに上げ、水気を切ってから木でできたタライに移します。私は長靴をかりてタライにはいりました。しゃもじというよりは船のオールと呼びたいような木のヘラをささえにして、まるでぬかるみで足踏みをするようなあんばいで、豆踏みは始まります。3月始めといえばまだかなりの寒さなのですが、豆から立ち上る湯気で私はTシャツ1枚という風です。30分も踏めばあらかた豆の形はなくなり粘土のような状態になります。ばあちゃんはそれをサイバンと呼ぶ大きな板の上にとり、両方の手のひらをつかってトントンと味噌玉をこしらえていきます。1日分、つまり2斗5升の豆は2回に分けて踏まれ、お昼頃にはすべて玉になっていました。玉は一晩ムシロの上に置かれ乾燥させます。翌日稲ワラで縄をない、二つ一組にして馬屋の天井に打たれた釘にぶら下げられます。

これからこの馬屋では約半月間薪ストーブが二つも焚かれます。玉を乾燥させ空気中の麹菌を殖やすためだといいます。味噌玉のひびの中に白っぽいカビのようなものが見え始めるとばあちゃんは「花がたかった」といって玉をおろします。ざっと水で洗ってから水につけ、柔らかくします。味噌コガ（樽）に入れ、水、塩、米麹を加え塩蓋をして重石を並べます。木の蓋も閉めて味噌はまる2年の長い眠りにつくのです。

でき上がった味噌はまさにばあちゃんの性格を反映したような味、骨太でドッコイといった風なのです。味噌汁ならかつお節やコブよりは煮干のダシ。単品の汁の実よりもたくさんの野菜を入れた具だくさんの方が似合います。ニンニクやトウガラシ粉を入れて油で炒めた油味噌はキュウリやおにぎりの芯にもってこいの味です。また韓国のチゲのように味噌を入れてから煮込むような料理にはこの玉味噌でないと風味がとんでしまって使えないともいいます。実際ファンも多く口開けをする3月末にはたくさんの方が分けてほしいとばあちゃんを訪ねておられました。

玉にしてから仕込むこの方法は麹が入手しにくかった古い時代のもので、今ではそれほど意味がないという人もいます。実際岩手県でも玉味噌を作る人はかなり稀な存在になりつつあるようで、今は買ってきた米麹と大豆、塩、水を混ぜ合わせて半年ほどで口開けする手作り味噌が主流です。でもばあちゃんは「ありゃ、にわか味噌だあ」といってチラッと誇りをみせました。

　ばあちゃんが亡くなった今、私は連れ合いと二人でこの味噌玉つくりを細々と続けています。私たちの仕込む豆は1年に1斗そこそこ。ばあちゃんの15分の1とわずかですが、それでもつづけることに何か意味があるような気がして…。山小屋を訪ねるお客さんに「ね、おいしいでしょ」と手前味噌をしています。

　ばあちゃんは2000年の暮れに亡くなりました。2000年の3月、味噌の仕込みが終ってすぐに心不全の発作に倒れてしばらく意識が戻りませんでした。その後意識が戻り、杖をついてなら歩けるまでになりましたが山での暮らしはできず、集落でお孫さんたちと暮らしておられました。そして2002年もあと少しという頃、ばあちゃんは静かに旅だったのです。

　ばあちゃんが山をおりてしばらく、私や私の連れ合いはなかなかその事実に慣れませんでした。度々裏からばあちゃんが呼んだような気がしたり、また何かの拍子にばあちゃんの家に行こうとしてしまうこともありました。そしていよいよばあちゃんが亡くなってしまっても、私たちはまだ近くにばあちゃんを感じるのです。味噌を作ったり凍みホドを粉にしたりするときなど特にです。すぐ横にばあちゃんがいるような気がするのです。「奥畑さんそうでないんだが…。ホドの粉っこはもっと熱い湯で湿さねば…」なんて気がするのです。

味噌玉をつくるばあちゃん

　実にじいちゃんやばあちゃんの生き方は、死んでしまってからも完全に終っていないという気がするのです。少なくとも私や私の連れ合いもしくは私の息子たちが、じいちゃんやばあちゃんから手渡された大切な何かを感じながら生き続けている以上は終っていないと思うのです。それは私にとって新しい発見でした。

死んでしまったらそれはそこまでのこと。そう信じていた私にとって「死んでも終らない生き方がはっきりとある」こと。そしてそういう生き方はやはり、生きているうちに自分の生まれる前のことや自分が死んでからのことを意識し、思いやり、そして行動した人によってのみ可能なのだと思うのです。山菜やキノコを採るときも山の木を伐って薪や炭にするときも、これは自分たちの分、これより外は子孫の分とちゃんと区分けがありました。自然の中で本当に山のいのちと共生するための知恵を伝えようとする姿勢がありました。そんな人たちだったからこそ死んでも終らない生き方ができたと考えるのです。

２００４年の春「タイマグラばあちゃん」という映画ができ上がりました。監督の澄川嘉彦さんはもともとＮＨＫのディレクターとしてタイマグラを訪れました。が、じいちゃんやばあちゃんの日常を番組にしているうちにどうしてこの人たちはこんなに山奥でニコニコと満ち足りた顔をして生きているのかということがとても気になり何度もタイマグラに足を運んでいるうちに自分のライフワークとして二人の映像記録をつくりたいと思うようになったといいます。そしてついに１９９９年にＮＨＫを辞め、一家でタイマグラに引越ししカメラを回すことになったのです。映画は実に15年の記録の集大成です。私たちが観ても、実際にじいちゃんやばあちゃんと対峙しているような気になるほど自然な映像です。

自然と共生するということ、生きるということの厳しさ、ここで暮らすのだと腹をくくった人の力強さ、さまざまなことが問われているような映画です。生前は岩手から一歩も出たことのなかった「タイマグラばあちゃん」が東京へ大阪へ北海道へはてはイギリスまで旅をしてたくさんの人に語りかけています。死んでも終らない生き方はここでも証明されているのです。


（写真提供／井上祐治）

食・農のあり方から見えてくるもの

守屋　治代

○もりや　はるよ
1959年生まれ。静岡県掛川市在住。東京女子医科大学看護学部教員。看護師・保健師。看護学生の生命観の形成、病の体験を通した人間の成長について関心をもっている。

食育基本法の成立

平成17年6月10日、食育基本法が成立しました。これは、国民一人ひとりが食について適切な知識や食を選ぶ力を身につけ、生涯にわたって健全な食生活を実現できるよう、家庭や学校、地域などの活動を通じて国民運動として「食育」に取り組んでいくことを目的としたものです。裏を返せば、そうしなければならないところまで、人間の生存条件を決定する「食」をめぐる状況は危機に瀕しているということになります。「食」とは、食物の生産・加工・流通・消費・摂取・廃棄までの全プロセスを指しており、「食」について考えていけばそこには、農業・経済・健康・教育・文化・環境問題が複雑に絡みあっています。「食育」を行う人が、どこまでの広がりと深さを自覚しているでしょうか。

近代化農業の「分断・排除」の論理と「農」の「共生・調和」の論理

ここでは農業について考え始めてみたいと思います。近代化・機械化された大規模農業は、今や市場原理・競争原理を基本とする経済システムのなかに組み込まれているため、農産物は生産性・効率性・安さを追求する工場生産物と同じように商品として扱われます。つまり、農家は多種類の作物をつくるのではなく分業制を図り、目的とするもののみを効率的に生産するようになります。そうしなければ農家の経営が成り立たないからです。従って耕地生態系は単純化し、生産に適していない自然生態系は不要な存在となります。食料確保のために、魚や虫、雑草などの他の生き物を排除することになります。また、農家は自分の経営中心、自分が作る作物を通してしかものが見えなくなり、生活や環境を含めた地域全体を見る視座を失いがちになります。つくる人と食べる人は、互いの顔が見えない遠く離れたところに位置しています。近代化農業には、このような「共生」ではなく、さまざまなものの「分断」の論理が見られます。作物とその他の生物同士のいのちのつながりの分断、耕地生態系と自然生態系の分断、生産者と消費者のつながりの分断、生産者と地域のつながりの分断、といったような具合です。

　ところで一方、「スローライフ」を大切にしようとする人々が目指す生き方の一つに「農的生活」とか「農のある暮らし」という表現があります。ここで言われている「農」とは、経済システムのなかに組み込まれる近代化農業の以前から、長い間人類の歴史の中に存在し続けてきた暮らしのあり方を指すのだといいます[1]。この生き方には、すべての生命の共同体としての生態系が肯定され、人間自身の共同体もその一部として位置づけられ、許される範囲内の経済活動が行われていました。現在の私たちがこのような自然の秩序、自然との共生のなかで農を営み暮らすには、ある不便さ・ある貧しさを受け入れることが前提となります。このような暮らしの持つ意味について、私が出会った農業経営者のK氏は、これからの農業のあり方を模索するなかで次のように話します。「物を大切にすること。細やかな判断にもとづく日常的な行動を面倒くさがらないこと。自分が生きている周辺を思いやること。自然のペース、自然のもっている時間を大切にすること。人間を超えるものへの畏敬の念を抱くこと。目先のことではなく持続可能なあり方を考えること。顔のわかる関係のなかで、安心や喜びがもたらされる方向で、かつ頭でなく、いのちのプロセス・いのちの実感を味わう次元で考えること」なのだと。

循環型農業・環境調和型（創造型）農業の可能性

「持続可能な社会のための科学と技術に関する国際会議2004」が出した声明[2]では、物質・エネルギーの過剰消費志向の強い社会構造を省資源・循環型に改善する必要があり、そのための積極的な戦略が求められていること、同時に地球温暖化対策と省エネルギーのために、環境への負荷が小さい革新的な技術が期待されていることが指摘されています。

農業は本来いのちあるものを育てることを本質としてきた営みです。たとえば日本に残されている「里山」や「棚田」は、自然やいのちにかかわる営みのなかから生まれた知恵の集積であり、自然と人間が共生可能なあり方を目指す「環境調和型」発想として、その価値を再評価する動きがあります[3]。また、各地で耕作放棄地を復元し小規模循環型農業を志すグループも増えています。静岡県掛川市の市民農園グループ「学園花の村」は、「小規模循環型農業」の実践を通して地域づくり、人づくり、健康づくりを目指した模索を続けています。ここでは、たとえば中学校の教師が生徒と一緒に農作業を行い、学校のなかの教師—生徒関係では知らなかった互いの一面を発見しあったりするという場面もあります。

しかし一方で、農業で生計を立てている農家が有機農産物を生産しても、生産量が少なく価格も高いために広がりにくいという現実にぶつかっています。さらに検査認証制度により「有機ＪＡＳマーク」を獲得しても、国外からさらに安い「有機ＪＡＳマーク」付生産物が輸入されてきます。ここでは生産者だけでなく、制度や消費者の意識の問題も問われてきます。これには、生産者と消費者が交流を通して信頼関係を築くなかで生まれる「地産地消」の発想や産地直送システムなどで、生産者を支援する動きも増えています。

「物資の往来が盛んになれば生活が豊かになる」というグローバル化の発想は、大企業・多国籍企業などの強者の利益のためのものであり、覇者の論理だと言えます。それによって、食の安全性が脅かされています。健康や環境が置き去りにされています。

「食」・「農」のもつ教育力

先の「学園花の村」に集まる人々は、そこに生産・経済・消費活動の時間とは異質な時間の流れ、場の力を感覚的に感じ取っているようです。宇根豊氏は、「人間の根本的な生きる力とは、自然に働きかけて、めぐみを享受する仕事と暮らしのなかにある」と述べ、有機農業実践を体験することの目的について次のように示しています[4]。

① それが、人間の「仕事」の原型だからである。
② 人間と自然の「関係」の本質がわかるからである。
③ 決して仕事は苦役ではないことがわかるからである。
④ 決して仕事は効率追求が目的ではないことが、人間の思いどおりにはならないことがわかるからである。
⑤ 生産とはカネになるものだけを追求することではないとわかるからである。
⑥ 自然は科学だけではとらえられないことが、その前に感じることが大切だとわかるからである。

こうして、「食」「農」のあり方を考えることは、同時に一人ひとりの生き方を問いかけられていることになります。

注

（1）辻信一（2003）『スローライフ　100のキーワード』弘文堂
（2）学術の動向編集委員会（2005）「会議声明―アジアの巨大都市と地球の持続可能性」『学術の動向』2005年3月、日本学術協力財団、53-56頁
（3）澤登早苗（2005）『教育農場の四季』コモンズ
（4）日本有機農業学会編（2002）『有機農業研究年報Vol．2』コモンズ

「いのち」がはぐくまれる居場所

―公設民営型フリースペース「たまりば」からの示唆―

西野　博之／聞き手　永田　佳之

「明日は、ピザとデザートをたくさん用意しています。おなかをすかせて、大急ぎでいらしてください。みなさまのお越しを、スタッフ一同心よりおまちしております。

スタッフ一同より」

2004年7月、かつて韓国のオルタナティブ教育調査でお世話になったオルタナティブ・スクール、ヤンオップ（良業）高校の一行を、川崎子ども夢パーク内にあるフリースペース「えん」にお連れすることになった。ヤンオップ高校の校長先生から、日本のオルタナティブ教育の実践例を見たいとの打診を受けたとき、すぐさま思いついたのが「えん」であった。なぜなら、「日本の不登校の子どもたちが元気になり、いきいきとしている姿を見たい」ということが、訪日の大切な目的として挙げられていたからである。

「子ども夢パーク」正面入口

○にしの　ひろゆき
1960年東京は下町・浅草の生まれ。NPO法人フリースペースたまりば理事長。公設民営型「フリースペースえん」代表。自宅にて里親型の児童ファミリーグループホームを運営。著書に『居場所のちから』など。

冒頭に引いた温かな言葉は、フリースペース「えん」を訪問する前日に受け取ったメールである。当日はこのメッセージどおり、スタッフと子どもたちが遠方から遥々やってきた来客を心からもてなしていた。36度にもなる炎天のもとで到着した韓国からの一行は、大汗をかきながら子どもたちがつくった手作りピザをもって出迎えられ、満悦の様子であった。腹ごしらえをした後、スタッフの案内でフリースペースの中の様子や壁画などの子どもたちの作品を見ながら説明を受け、さらにピザの食材でもあった有機野菜畑を見学した。

ひととおりの見学を終えた後、一行は冷たい麦茶で喉を潤し、手作りの白玉小豆を頬張りながら、代表である西野博之さんの話に聞き入っていた。「えん」ができるまでの社会状況や、活動の支柱となっている子ども観、自分たちで食材となる野菜を育て食べることの意味、子どもの「いのち」の受け留め方、などなど。通訳を通したやり取りではあったが、誰もが聴き入り、熱心に質問をし、西野さんの言葉に心を打たれていた。

駅まで見送る道すがら、韓国のフリースクールのスタッフに、どんな「居場所」に映ったのか、尋ねてみた。ある女性は「子どもたちを無条件で受け入れる西野さんやスタッフの姿勢」に感動したという。また校長先生は「韓国でも見たことのない教育の原点を見せてもらった」と語っていた。そして、もう一つの印象的だった言葉は「あそこは、持続可能《サステイナブル》な共同体である」という答えであった。「えん」は「いのち」がつながれ、はぐくまれている「サステイナブル・コミュニティ」として韓国のスタッフの目に映ったという。私自身、公設民営のフリースペースとして知られる「えん」とかかわってきて「持続可能性」という視座でこの居場所を考えたことはなかった。今回は、このキーワードをもって「えん」の代表理事である西野さんに話をうかがってみた。（永田）

1991年　多摩川（タマリバー）のほとりに6畳・4畳半の古いアパートを借りて不登校の子どもらと一緒にフリースペース「たまりば」スタート。
99年～02年　川崎市が西野氏に、「川崎市子どもの権利に関する条例」づくりの委員を委嘱。
2003年　「たまりば」もNPO法人となり、新たな一歩を踏み出す。同年7月「NPO法人フリースペースたまりば」は川崎市の委託を受け「川崎市子ども夢パーク」内にフリースペース「えん」を開設し、その運営にあたる。全国でも珍しい、公設民営型フリースペースの誕生。
2004年　第57回神奈川県民功労者表彰を受賞。

「いのち」がはぐくまれる居場所

永田　「たまりば」創設前からの軌跡をうかがうと、社会の中で追い詰められた日本の子どもたちが見えてきます。持続可能な社会って大人の側からいろいろ語っているけれど、子どもがしんどくなるような社会って何なのでしょう。子どもの側からの視点で解いていかないと「持続可能な開発のための教育」に10年取り組んでも何の意味があるんだろうと思います。子どもの「いのち」を丸ごと引き受けている西野さんにとって「持続可能な社会」って何でしょうか。

西野　何が持続可能か、根っこで言うと、今、永田さんがキーワードにしてくれた「いのち」。「子どもの最善の利益」をつきつめると、最後に残るのは「いのち」そのもの。その「いのち」がはぐくまれる社会をどう創るかがぼくらにとっての大きなテーマだと思っています。そうした意識でいたので、「たまりば」は「いのち」を削ったり、縮めたりするような「教育」からは距離をとってきた歴史があります。あえて居場所という言葉にこだわったわけです。いろんな人が混ざりあって生活しているので、教育の論理だけじゃないところで動いている場です。

永田　持続可能な社会を考えた場合、大切なのは「いのち」をはぐくむようなシステムとか制度とかですね。でも、たとえば、公共施設の管理運営を民間にも開放するために２００３年の地方自治法で導入されることになった指定管理者制度では、福祉や教育とはまったく違う業者が委託を受けてしまうこともあり得ます。ともすれば「いのち」よりも効率性やコスト削減が優先されるかもしれない……。こうした制度のあり方に端的に表されているように、社会全体が「いのち」を育む方向じゃなく、むしろ逆の方向に行っているように思われますが。

西野　教育行政では1年や2年で人が次々に替わっていきます。初代の担当者がわずか2年の間にもういない。引継ぎは十分になされていません。何を大事にしてきたかなんて継承されていない。後からきた職員は何でこんなやっかいなもの作ったのかとか、危ないとか、「自分の責任で自由に遊ぶ」なんてとんでもない、一般市民に対して説明しにくいとか言います。つくりあってきた「思い」や理念が継承されない中でこういう場所を運営していかなければいけないのです。

永田　たしかに制度の問題を考える際、やはり重要なのは人ですね。「川崎市子どもの権利に関する条例」（以下、「子どもの権利条約」と略記）や「フリースペースえん」が生まれるのを後押ししたのも心ある市の職員たちがいたからだという話も聞きました。その人たちが支援のまなざしを持っていて、それが現実を動かしたというのはすごいですね。

西野　まず子どもの権利条例策定の過程を振り返れば、そこには、一人の職員の熱い想いがありました。ある日、同じ課の職員を連れだって二人で訪ねてきて、子どもの権利に関する条例を作りたいので力を貸して欲しいと。97年の暮れだったでしょうか。そのときのぼくにはまだ、この条例がやがてどのように役にたつものなのか分かっていなかった。ただ、全市をあげてこれを作りたい、教育委員会だけの取り決めじゃなくて、フリースペースなど様々な現場の子どもの声やマイノリティの声も聴いて作りたいから、ぜひ力を貸して欲しい、と。２０００年の春くらいまでの間にたくさんの会議を重ねました。さらに条例の素案がだいたいできあがってきた頃には、権利保障されてない子どもたちのために具体的に何をするのかが今後問われるだろうから、その検討も始めなくてはいけないと職員たちは思っていたようです。こうして条例が実際に施行される直前から、今度は今の「子ども夢パーク」につながる子どもの居場所の検討が始まったのです。最初に条例づくりに力を貸してくれといった職員が、「次は居場所だ」と。市は現在「夢パーク」がある土地をバブル期に買い取って、10年間の間に図書館や青少年施設などなにか建てるつもりでした。しかしバブルががはじけ、その土地はずっと使われないまま塩漬けになっていた。それが10年目を迎えるにあたって再検討されることになり、あらゆる部局が集まって部長会議をした結果、子ども権利条約の制定を記念して、その具現化のための子どもの施設をということになったのです。ここをつくるにあたって三つの柱がきまりました。一つは子どもの声を川崎の市政に届けるための参加・活動拠点として、全市の「子ども会議」の会議場をつくる。二つ目として、「自分の責任で自由に遊ぶ」をキャッチフレーズに掲げ、禁止事項をできるだけつくらず、子どもたちが自由な発想で遊び挑戦することを応援する、プレーパーク（冒険遊び場）をつくる。そして三つ目に不登校児童生徒のための居場所をつくる。こうして「子ども夢パーク」づくりの推進委員会が組織されました。それと同時に、「夢パーク」内に不登校児童生徒のための新たなフリースペースを行政とNPOで協働でつくりあげるために不登校協議会がたちあがったのです。構成メンバーは教育委員会の指導課と生涯学習推進課・人権共生教育担当・市民局子どもの人権担当などのセクション、そして総合教育センターと私たちNPOのフリースペース「たまりば」でした。私はこの推進委員会と不登校協議会の両方に参加しました。協議会では会議を重ねる過程で、学校復帰一辺倒の施策の限界と矛盾が浮かび上がってきたのです。そのとき事務局を担った生涯学習推進課の職員から「いつでもどこでも誰でも学べる、学校教育以外での学習権の保障」「学校教育にこだわらない生活からの学び」という社会教育の視点からみた不登校支援の必要性が提案されました。これには喧々諤々の激しい意見の応酬が協議会内であったのですが、その場に出席していた学校教育を所管する指導課の責任ある立場の人の一声で流れが決まりました。「川崎市子どもの権利条例をもとにして、子どもの最善の利益の視点にたって考えよう」「学校に行けないで苦しんでいる子どもを学校教育のしばりから解放し、いたるところが学びの場だということを認める必要がある」。この言葉は、その場にいたNPOの立場で参加していた私の胸を熱くしました。子どもたちに学校に来てほしい。でもどうやっても学校に合わない子どもたちがいる。今の学校教育制度の中では、適切な対応ができていない子どもたちがいる。その現実をふまえて、学校外の居場所を認め、つくっていく必要があるでしょう、と語られたのです。このような子どもの「いのち」をはぐくむまなざしをもった人が市の職員としているということの意味はとても大きいと思います。

拠り所としての「子どもの権利条例」

永田　紆余曲折を経て、子どもの権利条例ができた。西野さんにとって条例の意味って何なのでしょう。

西野　「子どもの最善の利益」を守るというところに立ち返る共通の地盤を行政との間で持ちえたことだと思います。それは大きい。心ある人々が条例作りを進めていく中で、何のための学校の機関かということが大きな問題となりました。

「いのち」を削って苦しみながらも多くの子は学校にもどろうと思う。でも学校側の都合で、来ては困るといわれるというケースも実は少なくない。そういう事例が条例作りの中でいくつもピックアップされたのです。障がいのある子は別の専門的な支援のできる施設へ、精神疾患のある子は病院へ、非行が背景にある不登校の子はほかの子が落ち着かないから来てもらっては困る、と排除されていく。まずもって学校の枠があり、そこにあてはまらない子どもは、責任が持てないとか、専門性を持っていないとかの理由で、居場所を奪われる。

しかし、今この子にとっての「最善の利益」は何なのかを考えようとするまなざしが求められているのです。一人ひとりの子どもにとってどのような育ちや学びを保障すればいいのか。すでにある制度や仕組みに子どもを合わせようという発想ではなく、目の前にいる子ども一人ひとりに制度や仕組みを引き寄せてくる。究極のところで大切なのは、子どもの「いのち」を真ん中にすえるということです。

永田　何か問題が生じたときに、皆が原点に立ち戻り方向修正を可能にするような基盤があるとないとでは大違いですね。

西野　先まで見通していたわけではなかったのですが、子どもの権利条例ができ、行政もＮＰＯも立ち戻れる共通の考え方ができたのは大きいですね。今では、いろんなところから視察にきますが、条例作りに関心を示す自治体は決して少なくありません。行政の職員が替わっても、活動を持続可能にしていく拠り所になるものがあるということは大きい。「えん」をつくり始めた頃の行政の職員が全員替わってしまった今も、「子どもの最善の利益」を考えようというと、だれも異論をはさめない。立ち戻れるところがあるからです。今までは「そんなばかなことを言うな」と言われておしまいだったのが、今はこの子どもの権利に関する全国初の総合条例を根拠として闘えるのです。

永田　条文を一つずつ読むと、抽象的で表面的な表現になりがちなところまで一つずつていねいに策定されているのがわかります。

西野　法制担当者のところに条例案がうつってからも、バサッと削られないような表現にしておこうと、一つひとつに気を使ってつくられています。

永田　「えん」の設立の根拠というか、拠り所は、第27条[1]あたりなのでしょうか。この条文の「ありのままの自分でいること……」これって持続性と深くかかわる言葉ですね。

西野　そうなんです。あまり条文らしくないんですが、条例の中にこの居場所に関する27条が入ったことの意味はとても大きいと思っています。またこの27条の中には、「市は，子どもに対する居場所の提供等の自主的な活動を行う市民及び関係団体との連携を図り，その支援に努めるものとする」とも記されていて、このような縛りができたことで、「たまりば」のような民間の団体も支援されるようになったのです。さらにつけ加えると、この条例の策定にあたっては、「おとな市民」「子ども市民」という言葉が使われていました。子どもは大人の未熟な段階じゃなくて、大人も子どもも同じ市民という発想で作られているということも忘れてはならない大事な視点です。

「できないこと」を大事にするということ

永田　27条を読んで、裏を返すと、私たちの社会は、いかに、子どもが休息できない社会、自由に遊べない社会、安心して人間関係を作りあえない社会であるか、という現実が条文を通して見えてきます。持続可能じゃない社会があるから、27条ができてくる。同条は子どもにとっての持続可能な社会を創成する基盤と言えるのではないでしょうか。

西野　「えん」が大事にしてきたことの一つに、子どもたちを否定的なまなざしで見ないというのがあります。「えん」をはじめるにあたり、1年間スタッフの研修をして、スタッフの専門性、責任とは何かをお互いに問い続けました。そのときみんなで手に入れた「15ヵ条のスタッフの心得」のうち二つの概念ともいうべき、大切な子ども観にたどり着いたのです。一つは、「生きてるだけですごいこと」。そしてもう一つは、「すべては生きていくためのプロセス」。このシンプルな二つのことを手に入れられたことで、私自身子どもとかかわるときのブレがずいぶん少なくなって、楽になったのです。口に出して言ってみると実に単純なことですが、このことがすとんと腹の底におちたと感じられるまでに20年かかりました。これまでに出会った子どもたちの中で数人の若者を自死で失っていますから、なおさら生きてるだけですごいということを身に沁みて感じています。この世に生まれてきたということ、そして今を生きているということ、もうただそれだけで奇跡だと思えるようになったのです。○○ちゃんはできるのに、何年生になってこんなこともできないという風に、世間一般のものさしなどを使って、誰かと比較して子どもを責める。男のくせに女のくせにとか、ジェンダーをもち出してなじる。障がいがあってもがんばってこれぐらいできるようにしないと社会では通用しないと勝手にきめつけ、どこにあるかわからない基準に照らし合わせて、目の前にいる子どもをそのままでよしとはしない。そんなまなざしの中で、子どもたちの自尊感情がどんどん削られていっています。今の社会は、何でもかんでも「できないよりできたほうがいい」というものさしが強すぎる社会なのではないかと感じています。もう少し、すきまがあっていい。できなさや弱さをさらけ出しても生きていける。持続可能な社会というのは、ちがいや弱さをつつみこむ柔らかさや、すきまが大事なのではないでしょうか。健康や健全を求めすぎないまなざしが、求められているのだと思います。例えば、引きこもりや摂食障がいを問題行動という枠組みの中で考える人が多いです。でも長い間の若者たちとのかかわりを通じて、引きこもっている時間も過食で食べては吐きを繰り返していた時間も、すべて生きていくために必要な時間だったのだということを彼らから教わってきました。非行も被害者が出るからあまり不謹慎なこともいえませんが、そうでもしなければ生きてこれなかったのではないかと思

韓国からの一行を出迎える西野氏

えるような背景を背負って生きてきた若者たちに何人も出会いました。

永田　結果で評価するというよりも、プロセスを大切にしていくということですね。ゴールを目先の短いところにおかない、長い時間のスパンの中で考える。すべては生きていくために必要なプロセスの中にあると考える。「えん」のスタッフの間では、今述べた二つのまなざしだけはみんなが大事にしています。目の前の子どものありように寄り添う中で、迷ったり揺れたりしたときに、ここに立ち戻るようにしているのです。

西野　ここでやっていることがオルタナティブな学びとして価値があるのかとか、子どもたちのトータルな成長の中で、私たちに何ができているのかというようなことは、実はあまりよくわかりません。ただ毎日一緒に昼飯をつくって食べて、自分が決めたプログラムで過ごす。与えられたカリキュラムをただこなすのではなく、自分が何をやりたいのかを考える時間を大事にする。畑を耕したり、スポーツをしたり、いろいろな楽器を演奏したり。藍染めに熱中する若者もいれば、ガスバーナーを使ってガラス工芸にはまる子もいる。ここでは自分がやってみたいことに挑戦する。他者からの評価を気にすることなく、自分がやりたいことにとりかかる。外で廃材を使ってまき割りをして火を燃やしたり、その近くで木工をやる子もいる。泥んこ遊びで一日が過ぎる子もいる。一見、無駄に見えるような時間の中に、子どもがいろいろなことに気づくチャンスがたくさんある。さまざまな背景を抱えた異年齢の子どもや若者が混ざりあって、一緒に生きる中で、言葉にはならない響き合いができている。大きな家族のような雰囲気の中で生活している。もちろん人が集まればトラブルも起きるけど、お互いに気にかけたりしあいながらともにそこに居る。

永田　皆がなんとなく「お互いに気にかけ」合う場っていいですね。

西野　無視したり、排除したり、いなかったことにしようというような目線がない。誰かが誰かを気にしている。けんかやトラブルはあたりまえにおきます。排他的なことも言うこともある。だけど、どうやったら一緒にいられるんだろう、それを考えあうために、子どももスタッフもともに考え、語り合います。子ども同士の話しあいやそこにスタッフも交えたミーティング、さらにスタッフ間のシェアリングなどを大切にしています。

あの子がいるから迷惑だと訴える子もいますが、その子を排除して、いなくなったらはたして幸せになれるのかというあたりに時間をかけます。言葉で話しあうだけでは伝わらないこともありますね。その場にたちあう大人のまなざしが大きく影響することもあります。スタッフも迷惑そうな空気を流していればそのまま子どもたちに伝わるものです。一人ひとりのありのままを大事にするというのは、口でいうほど、そう簡単なことではありません。子どももおとなも、いつも自分自身が問われるんですね。でも幅広い異年齢が混ざりあい、いろんなものさしを持った人がともに生活していると、だれかのものさしの中ではその子のありようは迷惑の範疇には入らない。むしろ、あの子がいるから場が豊かになっているんじゃないかと気づく視点も見えてくる。このあたりが面白いんですよ。同年齢の人だけをそろえて、横並びに競争させている関係では見えてこないことなのです。誰一人排除しないまなざしの中で、つながりあって生きていく。そこを大事にする空気のようなものが場をつくっていっている。

永田　「えん」に来る前はいろいろな「つながり」を断ち切られていた子どもたちも多いようですが、そういう社会って何なのでしょう。

西野　先ほども述べたのですが、できないよりできた方がいいという社会のまなざしがつよいんじゃないでしょうか。それが親たち、子どもたちに巣食っている。資格も持っていないより持っていたほうがいい。それが本当に「いのち」を育み、輝かせることに必要なものか、と立ち止まって考える時間と余裕があれば、まぁ出来なくてもいいかもって思えることは結構あるものです。昔は農家に生まれて生きるために、農作業に必要な知識を身につければ、世界史の知識とか数学の方程式を知らなくても生きていけた。今は何でもトータルにできないよりできた方がいいという価値観の中に子どもたちはいる。そんな時代だからこそ、むしろぼくらは「できなさ」を大事にしたい。

最近、小学校のＰＴＡに呼ばれて講演するときに、逆上がりができない人はいますかとお母さんやお父さんに尋ねることにしているんです。ハーイって元気に手を上げるお母さんたちもいますが、昨日訪れた学校ではだれも手を上げなかった。ぼくは生まれてこのかた、できたことがないんですっていうと、お母さんたちは安心して笑顔がもれます。でもぼくもこれを言えるようになったのは40歳過ぎてからなんですよって。世の中には、できなくていいこともいっぱいある。別に生きていくうえで支障がないことはたくさんあります。だけど、逆上がりができなかったら大変だと思いこんでいるお母さんはいっぱいいるんです。それが原因でいじめられるとか、不登校になるとか。今では「逆上がり家庭教師」というのがあるということも最近知りました。体育大の学生が来てくれるそうです。また保育園では、体育が原因で学校ぎらいにならないようにするために、土曜の午後とかを使ったスポーツクラブが流行っていて、跳び箱とかマットとか、なんでもやらせるところが増えてるといいます。親たちが何を大事にして子育てしたらいいのか、どの情報を信じたらいいのかわからずに、悩んでいる。とりあえず、無難にまわりをみわたして、近所の同年齢の子と同じことができるようにしておこうというところに神経を使う。「人並みに」「ふつうは」がいつのまにか幅をきかせ、誰かと比べ、競わせたりする。そんな中でつながりが断ち切られてきているんじゃないでしょうか。

「えん」はわかりやすい場所です。たとえば南米のチャランゴと呼ばれる10本弦の楽器が弾けたらヒーローなんです。それだけでいい。虫いっぱい集めてくるやつもヒーローです。一緒に喜んでくれる人がいる。外出するだけでも大冒険というような難病を抱えた子が自転車に乗れたらみんな嬉しい。ドラマを共有して、共振し、その子の喜びが伝わって自分も嬉しくなる。大人が考える枠内で評価されるのではなくて、子どもがやってみたいことにチャレンジしてそれができたことを喜ぶ関係がいい。

自身を持続的に支えるもの

永田　西野さんの場合、たとえ自分が傷つけられても子どもを切らないんだと思います。それって結構しんどいことなのに、ありのままの子どもを受け入れる実践を長年続けておられる西野さんは何かを信じて実践されているのでしょうか。

西野　なんでも抱え込んでしまう体質なんじゃないかと言われることもあります。単に切れないというのもあるかもしれない。そして、傷つけられることもあります。自分の中で人を受け入れらないときというのは、自ら持っているコンプレックスが原因であることが多いように思います。そんなときに、悲しくなったり、言葉を投げかけた相手に対して怒りを感じたりする。でも最近はそのときの自分の怒りがどこから来ているのかを少し探れるようになってきたんです。まだまだですけどね。長年、居場所を開いてきて、世の中にはほんといろいろな人がいるということは分かってきました。私の「あたりまえ」がくずされるような20年間だったと言えます。多様な人との出会いの中で、自分のものさしが広がってくると、怒りがコントロールされるようになってきました。むかつくことはあるけれど、気持ちの「落としどころ」がみつかる。目の前にいる子どもは常に自分を照らし出すから、自分がその人と対している中で、自分の弱さやいやったらしさも見えてきます。

いろんなことが受け入れられる自分になれたらいいなという想いはあります。例えば8歳くらいで出会うと、それからの10年間というのは、すごい変化の時期ですよね。私たちおとなの10年とは同じ時間でもずいぶん違う。そんな時期にかかわらせてもらうのはすごく面白い。私自身も、何回も思春期を生きられるのです。彼、彼女が投げかけてきたもので落ち込むとしたら、それは自分の問題に戻して考えるチャンス。自分が生きていた中で、まだそのあたりのことが、どこかに引っかかってしまっているんだなと気づかされるわけですよね。問題の中身によっては、すり抜ける技も身につけてきたのかもしれない。深く入り込みそうなときに、自分の身を守るために、引き方、逃がし方も少しはできるようになってきたような気もします。自分の人生にとって、今この時代を生きている子どもたちと時間と場を共有できるということが本当に面白いんですね。お金にはならなくても、生き儲けなのかもしれない。自分に持続性があるとすれば、そこいらへんにあるのかもしれません。

　このことをやってなかったら出会えなかった多様な人の生き様に自分がかかわっていて、自分が試される日々です。目の前で遺書を書きはじめた子になんといったらいいか。とっさのときに何ができてどんな言葉をかけられるかがいつも試される。瞬時の判断が求められる現場でもある。自分の狭さがその子をさらに苦しくさせたなと思ったり、後悔したこともあります。でも、落ち込んで辞めようという気持ちは子どもとの関係の中では起こりません。大人の関係ですごく落ち込むことはあっても……。限られた人生の中で、何かのご縁で出会っちゃった「いのち」……。その根っこには生きてるって面白い、というのがあります。

永田　人と出会うとき、存在そのものと出会っているのかもしれません。その存在を「いのち」と言い換えてもいいのではないでしょうか。ぼくなんかから見ると、西野さんは許容量があり、持続的ですね。今日の話を聞いて感じたのは、多様な関係性が断ち切られていく今の世の中で西野さんはつなぐ人だなということです。だからいろんな出会いがどんどん広がる。ただし、それを続けていくと、少なくとも肉体的に破綻するかもしれません。でも先ほど「身を引く、逃がす」という言葉がありました。表面的には切っているように見えるかもしれないけれども、関係性は持続しているということなのでしょう。信仰みたいなものがないとできないのではないかと思ったりしますが……。

西野　なにかよりどころとなる宗教とか哲学とか欲しいと思いながらも、これまでに、これだっていうものには出会いませんでした。ただしこの世に「いのち」を生み出したエネルギー体というか、神という表現を使っていいのかどうかはわからないけど、なにか人間ごときの力では到底およばない偉大な力のような存在があるのではないかと、漠然とだけれど信じています。「いのち」ってものすごい偶然でしか生まれてこないわけですから、そこには科学では解明できないものがある。そんなふうに考えると、何か不思議なものを感じます。人間ではどうすることもできないエネルギーの塊があって、その中で生かされているというような感じかな。

永田　「いのち」信仰があるんでしょうか。

西野　そういうものはあるんでしょうね。

「いのち」をはぐくむシステムへ

永田　「たまりば」をはじめて、そして「えん」が生まれてだいぶ歳月がたった今、西野さん個人を越えて、一つのチームとしても持続的であると思うのです。スタッフと共有しているものは何なのでしょう。

西野　スタッフ同士で毒を出しあってると、言葉が間違っているかもしれないけど、なんか昇華されるって感じる瞬間があるんです。毒を出しあえるのも宝に感じられるときがあります。そういう共有感、信頼感がある。毒を出しても、出したことで、あいつ器小さいよねとかいうふうにはならないものがあって、ちっぽけな自分を出せる、情けない自分を出せるスタッフの関係があります。最後には笑いとかに転換できるんです。たくさんの子どもやおとなとのかかわり合いの中で、その日一日にたまった毒を吐きあいながら、「毒も宝だね」って言いあえる関係ができている。皆に「いのち」信仰があるかどうかはわからないけど、響きあえる関係性はあります。

永田　子どものみならず大人も変容している居場所なんでしょうね。

西野　今は、毎日、場を閉めたあとのスタッフ間のシェアリング（分かち合い）を大事にしています。1日に2時間でも3時間でも話し合うことは珍しくないんです。結局「居場所」というのは誰かのために開いてあげているところではなくて、そこに居合わせた子どもとおとなが一緒に育ちあう場というか、つながりなんでしょうね。

永田　新しいシステム、つまり公設民営型の運営となってから、「いのち」をはぐくむ方向に作用しているのでしょうか。この2年間を振り返ってどうですか。

西野　空間としての要素は飛躍的にひろがりました。不登校の子たちがこれだけの環境を手にいれるということは大変なこと。1万平方メートルの車が行き来しない安全な空間で思い切り体を動かしています。泥んこになって穴を掘ったり、山や川をつくったり、木にのぼったりして遊ぶことができます。火を使ったり、ナタやのこぎりなどの工具が使えるプレーパーク（冒険遊び場）があり、畑がある。夜間照明つきのスポーツ広場を使って、バレーやバスケ、バドミントンなどができ、防音設備の整った音楽スタジオも二つあります。初期の「たまりば」の時代には木造アパートの八百屋の2階で、歩くのも気を使うというか、ちぢこまって周りを気にしながら暮らしていました。その時と比べれば、「夢パーク」をつくってきた意味は大きいのです。学校帰りの放課後に遊びにやってくる子どもたちや、近所のおじさんおばさんと出会えるというのも大きい。学校の中やビルの囲まれた中にある適応指導教室などではこれだけ多様な人と出会う場面はつくれない。調理もできる室内のフリースペースもあって、活動はすごくやりやすくなりました。

一方で公設民営になって、お金は取れなくなりました。利用料を取らないことが前提ですので、いろんな問題が出てきました。たしかに光熱費、人件費や家賃を払わなくてすむのはとても助かります。人件費も世の中から見れば少ないけど、居場所をやってきた人間からすると安定した財源が確保できるのはすごいことです。でも講座を開くのに講師を呼んできても、その方への謝礼は予算には入っていません。材料費などの活動費は委託金の中にはないのです。公設になったことで民間からの助成金も集めにくい。親たちも、バザーでもやらなきゃという家賃も払えなかった時代からすると、どうしたって気持ちはゆるんできます。

親たちの中には、昔の「たまりば」のほうが良かったという人もいるかもしれませんね。以前は親が入りやすかったけれど、ここは「子ども夢パーク」という青少年教育施設なので大人が入りにくい。親と一緒に場を創りあうというよりも、施設型になってしまったという見方もできます。ごった煮の「家感覚」が薄れてきているとも言えるかもしれません。施設内は禁酒禁煙なので、親の会で酒を飲み交わすことはできなくなりました。伝統的に大事にしてきた「たまりバー」と呼ばれる一品と話もちよりの親たちの飲み会で親が吐き出す機会がなくなってしまい、それだけのために、どこかに家を借りようという話も出ているくらいです。

手作りピザを楽しむ韓国からの訪問者たち

永田　多くの課題をかかえながらの運営ですけど、何か行政に望むことはありますか。

西野　「まなざし」という言葉をあえて使うと、制度の中で多様な学び育ちを保障していくような「まなざし」が求められています。学校そのものを変革する取り組みが必要な一方で、学校外でも育ち学べるという選択肢を社会の中できちんと位置づけることも大切。すべての教育が学校教育だけで成り立っているという幻想がいつの間にか社会で一人歩きしています。しかし、学校教育と社会教育が昔からあったように、社会教育の力も大きい。行政が今一度見直さなくちゃいけないのは、社会教育、生涯教育の役割です。学校教育以外の学び、育ちをあたりまえに保障することが大切です。

忘れられない言葉があるんです。「えん」開設当事、ここを訪れた川崎市の教育委員の一人の方が「ここには理念がある。子どもの「いのち」が真ん中にある」と言われた。「いのち」……「子どもの最善の利益」と置き換えてもいいですが、子どもの「いのち」を真ん中に据えて、制度や仕組みの方を子どもの「いのち」の側に引きよせるということが大切なんです。そのまなざしが関係部局の人たち、そして市民の間に浸透していくことできれば、世の中は絶対に変わっていくと思うのです。

永田　もういちど最初の問いに戻りますが、西野さんにとっての持続可能な社会とは、どういう社会のあり方なんでしょう。

西野　持続可能というのは、もう一回原点に立ち返ると、ベーシックな暮らしのところにあるような気はしているのです。土を耕し、作物を育て収穫し、ともに食べ、リサイクルしていくというあたりまえの暮らしをどう取り戻せるか。ファーストフードやコンビニに象徴されるような、ごみを大量に生み出す消費優先社会というのは我々が今までもっていなかった文化です。もちろんこれほど変わってしまった社会を簡単にもとに戻すことなんてできるとは思っていません。ただ価値の転換をはかる、まなざしを変えていくことは少しずつでもできると思うのです。消費優先、経済効率優先の社会から、スローで手づくりを重視した、生活に根ざしたリサイクルの文化をもう一度つくっていく。教育だけを切り離しても持続可能な社会にはなりません。

日本の子どもはたっぷりと消費の対象にされてしまった。次々に発売される子どもをターゲットにした商品。それらを手に入れられないと不幸だと思う子どもを増やし続けている。遊びは自分たちでつくりだすものではなく、お金を払って誰かに与えてもらうものになりつつある。また一方で、フリーターやニートを問題にするけれど、14、15歳で働きたい子はいっぱいいる。けれど義務教育期間中だからという理由で働かせない。義務教育の重要性は十分認識した上で、でも今は働くことのほうを望んでいるエネルギーの高い子たちもいる。でもそのときには働かせないで、ある時期がきたら、働かないことが問題だ、という社会なのです。人類の長い歴史の中で、学校が生み出されたのはほんのわずかな時間でしかない。今一度、働くことも含めた、生活に根ざした持続可能な教育社会を考える時期に来ているのではないでしょうか。

そして、持続可能というところをキーワードにすると最後にいきつくのは、やはり「いのち」だと思います。「いのち」が輝くには、あまりにも自己肯定感を持ちにくいような教育システムがはびこっています。自尊感情をはぐくむような「まなざし」を獲得するための取り組みが官民共同でできないか、どういうことが学校教育の中で必要かということを検討するプロジェクトを立ち上げないかと、文部科学省によって開かれた会議で提案したことがあります。自分が生きていて価値がある、生きてる意味があると子どもたちが思えるような社会がなによりも大切です。

訪問を終えた韓国の一行と「えん」のスタッフと子どもたち

一例として２００４年11月の朝日新聞に発表された北海道での調査の記事ですが、「生きていても仕方がないと思うことがありますか」という質問に、「いつも思う」「時々そう思う」と答えた小中学生が18・8パーセントいた、と報じられました。小中学生の約5人に1人が、生きていることそのものを肯定的にとらえられないで生活している。これは文科省の補助金を使ったはじめての子どもの「うつ」に関する調査だと聞きましたが、そのほかにもほぼ同時期に、神奈川新聞に第1回日本うつ病学会での報告として、小学校4年生から6年生の12パーセントに抑うつ傾向があるという記事も載りました。生きてていいと思えない子どもたちを生産している教育システムって、いったいなんなのでしょう。

「あなたがうまれてくれてありがとう」「この社会に誰一人として価値のない存在はいない」というまなざしをどうこの社会の中でひろげていけるかが今後の課題だと思います。

永田　西野さんの言われるように、教育制度や社会の仕組みを子どもの「いのち」の側に引き寄せるという課題は「持続可能な開発のための教育の10年」にとって大きなチャレンジだと思います。こうした意識を市民と行政で分かちあえるかも「10年」の成否にかかわってくる課題なのでしょう。本日は貴重なメッセージをいただきました。本当にありがとうございます。

注

（1）「（子どもの居場所）第27条　子どもには，ありのままの自分でいること，休息して自分を取り戻すこと，自由に遊び，若しくは活動すること又は安心して人間関係をつくり合うことができる場所（以下「居場所」という。）が大切であることを考慮し，市は，居場所についての考え方の普及並びに居場所の確保及びその存続に努めるものとする」

【付記】「たまりば」または「えん」についてさらに知りたい方は、西野博之（近刊）『居場所のちから』（教育史料出版会）をご覧ください。なお、同フリースペースのＵＲＬはhttp://home.b05.itscom.net/tama/npo

公立高校がはぐくむタイムリー・ウィズダム《いまこそ必要な知恵》

―持続可能な松高の試みをつなぐために―

易　寿也／檜本　直之／聞き手　菊地　栄治

公教育の中で、しかも高校という舞台で30年以上にわたって、ホリスティックな試みを続けてきた大阪府立松原高等学校（「松高」）。外部社会の変化の大波を受けながらも、大阪での総合学科創設をリードし、「人権教育」を軸に進化を絶やさない持続可能な取り組みが育まれてきました。中央の動きに無批判になびくのではなく、生徒の切実さにていねいに寄り添い、ほんとうに大切なことを切り捨てずにきた稀有な高校です。何より生徒たちの笑顔が長年の持続可能な取り組みの確かさを教えてくれています。

実践に込められた熱い思いを語っていただくのは、創設間もない頃から松高の伝統を受け継ぎより豊かに展開されてきた易寿也さんと、国際交流などを中心に松高のキーパーソンの一人として歩みを続けておられる檜本直之さんのお二人です。聞き手は、10年来のおつき合いの中で、松高の取り組みを応援し続けている菊地栄治（早稲田大学）です。

○えき　ひさや
1953年岡山県生まれ。大阪府立松原高等学校で教職をスタートし、総合学科の設立にかかわる。現在、大阪府立布施北高等学校で教頭職を務める。

○ひのきもと　なおゆき
1956年生まれ。大阪府立松原高等学校教諭。信頼とつながりをキーワードに、地域との協働や体験学習・ピアエデュケーション（相互学習）を核にした学校作りを追求している。

学校もやっぱり生命体やし…

菊地　松高での持続可能な取り組みを続ける中でこだわったこと、いま自分の中で肥やしになっていることは何ですか？

易　松原高校でぼくなりに好きで、こだわってきたことは、学校がいろんな人の集まる場所になるということでしたね。たとえば、檜（＝檜本）さんの持っている国際理解や環境教育のネットワーク、怪しげな（笑）のも含めて学校の外の人とのつながりを学校に持ち込んだらええやん…って。いろんな人が集まったらなんかおもしろいことができる。内と外との壁を低くして風通しを良くしたことが自分なりに一番よかったことやなぁ。いまいる新しい学校でも一緒ですよ。自分だけの力では限界あるのがわかっているから、この人とこの人をつないだらどうなるやろなぁ…っていつも考えている。それはだけど総合学科になったからではなくて、ずっとそうしてきたと思いますよ。

菊地　擬似空間をつくってやるんやなしに、ホンモノと出会わせるということですね。

易　最初はね、「なんで外部の人を呼んでこなあかんねん」ということもあった。うまいことオープンにできた学校ほど、おもろい学校にできますわ。

檜本　確かに、そうすることによって松高が続いてきたということがあります。松高の場合は、教師だけでどないかしようとしていないのが強みやと思いますね。でも最初の頃は、「なぜ外部の人を学校教育の現場に入れるんか」っていうアレルギーが先生方の中にありました。いまもすべての違和感が払拭されたわけではありませんが。実際に外の方にかかわってもらい、生徒たちの新たな一面が見えるようになるにつれ、先生方の意識も次第に変化してきました。外部の人たちが先生とは違う視点で評価をしてくれたり、教師では考えられないぐらいのエネルギーをかけてかかわってくれたり、迫力を見せつけてくれたりとか。そういう環境の中で育つ独特の個性があります。松高だけではなくて他の学校でもそういうスタイルを追求してはどうかと思います。

易　外部の力を借りることで、いつも新しい動きができてきますよね。いまの学校でも、デュアルシステム（実務・教育連結型人材育成システム）の導入ということで、実習先になってくれる会社を探す中で中小企業の社長さんとおつき合いをさせていただくようになって、いままでとまったく違う分野ですばらしい人にいっぱい出会えた。学校もやっぱり生命体やし。固定したものやなくて。

菊地　息を吐いて吸うような、ある意味ではあたりまえの動きができているんですね。

易　そうですわ。悪も出すけど、善いもんも出す…っていうようなね。学校が社会と網の目のようにつながっている感じです。いいことやったらなんでもやってみよう…って。あれおもろいな、これおもろいな…という気持ちがエネルギー源ですね。一つひとつの具体的なつながりが大事なんやないか。国際スタディー・ツアーに生徒を連れて行って思うのは、国家対国家ではなく、それとは相対的に独立した市民意識を生徒の中に育てることが大切だということ。究極は、どれだけ人と人とのつながりを強くしようと願うか、それを心地のよいものとして受け止められるかということやと思いますわ。私たちにできるのは。

檜本　無防備に開いたからといって、いつもうまくいくとは限りませんね。〝なんとなく〟ではなく、学校として何を大事にしているかということがはっきりしているからこそ出会える、ということはありますね。松高ではスタディー・ツアーを長年やっていますが、それがひとつのプログラムでは終わらずに、そこから派生してできてきた新しいつながりがまた新たなプログラムを生み出す原動力になっている、そのことがすごいと思います。

易　人と人とのつながりは、いろいろな人の生き方や考え方を知りたいという好奇心さえ持っていたらなんぼでもひろがっていく。その出会いがより深く持続的なものになるためには蓄積された知識と両方バランスよく持っていたら一番いいけど…。

大人世代のつながりと生活文化

易　いまの教育の姿がこうなっているのは、間違いなく前の世代の生きざまが影響してる。ほんまに教育を変えていこう思たら、前の世代が自分たち自身がどんな社会をつくるかを一生懸命考えないと。昔はよかったってよく言われるけど、昔は「大人連合」があって、大人は連合して子どもに何を伝えるか、少なくともその点で一致してたのと違うかな。たいしたこと言うてへんけど、みんな一緒に言うから、子どもは「これは世の中の価値やねんな」と思う。内緒で悪いことしたときも「お天道様が見てるで」とかね。同僚と話していてもみんなそんな経験を持っている。子どもにとってはわかりやすい。大人はかなりええ加減なことしてても、「これだけは言うときや」というのが大人同士の中であったんと違うかなぁ。だから、それなりに大人になるための努力をしたし、それがかっこいいと思われていた時代。

菊地　たしかに、大人社会のつながり自体が薄いですよね。

檜本　子どもたちもいま本当につながれているかというとなかなか難しい状況ですね。つながってるんかなぁ？いろんな矛盾を見過ぎていて、根底には、大人になりたくないという意識があるみたいですね。

易　いままでは子どもへの圧力として、「大人が言うんやから…」というのがあった。私の高校では、夜中に起きてうろうろしてても親からなんにも言われへん子どもがいっぱいいる。親が遊びまわっていることさえある。いまはもう学校だけの教育力ではあかんねん。

菊地　経済成長を追求している東アジアの国々は、そのあたりが大きく崩れてきているんですかね？

易　日本の特異さもあると思いますわ。日本は過去を正しく問い直していないから、そのままぐずぐずと崩れてしまった。「戦前は全部悪い」と言うてしもた。日本は戦争で負けたことによって、価値観がひっくり返ったが、正しく問い直していないから、たんに崩れたまま来たんちゃうかな…って。日本には、生活文化としての良さもいっぱいあったはずやのに、それらをつぶしてしまっているという面はある。そういう弱点があるし、それは自分の中にもある。いいものをたくさん失ってしまったんちゃうかなって。司馬遼太郎なんかに言わせると、「明治の気骨」みたいなやつがうまいこと伝えられなくて…。

菊地　最近の教育をめぐる議論、とくに政治的なバイアスがかなり教育社会を歪めていますね。とくに、当時の事実認識と反省の気持ちを覆すような言説が最近になって目立ってきていますね。その辺も曖昧なまま崩れてしまったことと関係しているようにも思いますが…。いつもそうですが、積み残して、次の世代に先送りしているんですね。言い方を変えると、大人社会の成熟度が問われているのかもしれませんね。

易　ぼくも答えはもっていないけど、それを真剣に考えないと。みんなで大事にしようと思っていないとすぐに崩れますよ。究極は、カルチャーセンター化して、それは教育の崩壊やと思う。学校には、よりグローバルでより本質的なことを次の世代に伝えるという役割があるわけやから。それをなくしたら、学校ではなくなる。単なる技術や知識ではなく、「〈生きる〉ってなんやねん？」ということを含めて…。戦後苦労して獲得してきたことを大事にするんやったら、国際貢献や社会貢献ができるような知恵を持った世代を実際に育てていかないと…。世界の状況、日本と世界との関係はもう最悪の状態ですわ。

テロを生み出す社会のなかで

菊地　自分たちの社会が生み出したものですよね、テロも…。

易　冷戦構造が終焉を迎えて、こんどはアメリカ中心になって、テロはやっつけたらええでと。「テロ撲滅に一生を捧げる」って声を張り上げる、「おまえの人生は情けないぞ」って言いたいわ。それよりもみんなが共存できるような知恵を出しあいましょうっていう方が、人生としてはいい人生。

菊地　それこそがタイムリー・ウィズダム（いまこそ必要な知恵）ですね。松高で大事にされてきたことは、こうした時代にこそ生きてくると思いますが、檜本さんは「テロとの戦い」をどう教えていますか？

檜本　教室の中では特別そのテーマを取り上げて話すことはありませんが、ふだんの会話の中でしゃべったりしますね。話しながら思うことは、子どもたちの方が、おかしさとばかばかしさをよく知っていますね。理屈ではなくて…。いま学校って矛盾なく教えることが成熟した学校というような見方がありますが、「曖昧さを残しながらやること」が問われているんやと思います。「AかBか」ではなくて。経験を通して学ぶことがすごく大事やなと痛感しています。どっちかに早計な判断をするよりも、現に事実としてあることを受け止めることが第一歩やなぁと思います。それと、とことん話しあうということも大事ですね。私たちは解決をするためにとことん話しあう努力を怠ることがよくありますが、「とことん話しあったらいいところと悪いところがわかってきた」ということを生徒がよく言います。〝とことん話しあう〟これですね。

菊地　まさに、松高が大事にしてきた学び方というか生き方というか、それがねばり強く話しあう…ということに出ているんですね。

檜本　そうですね。「言うてることはわかる…」といったん受け止めていくことですね。意見や考え方は違っていてもいいんです。1年生や2年生の頃はわりと排他的なところがあって結構グループに分かれて対立したりすることがあります。しかし生徒のすごいところは3年生ぐらいになってくるとその対立を自分たちなりに、折り合いをつけながら乗り越えてゆくんですね。生徒たちが思い出を語るときはよく、楽しかったこととともにもめたことを語りますよね。大きな行事の後のふりかえりでは、主張が通ってうれしかったことよりも自分の至らなさを受け入れてもらえたとか…。そういうことを語ります。なんか懺悔の会みたいですけど…（笑）。でもそこで時間をかけてやっている作業はすごく建設的な作業です。いまの世の中白黒をはっきりさせることが多いですが、学校の枠組みの中で折り合いをつけていくことを学んでいくことは、自分たちで言うのもなんやけど、ほんまにすごいことやと思います。

菊地　折り合いをつけるということで一番思い浮かぶのは、ホームルーム合宿ですね。新しいコンセプトを決めるのも、教員が主体的に参加し創っておられましたね。

折り合いをつける〈優しいチカラ〉…三つの「わ」

檜本　〈優しいチカラ〉というのが松高の新しいコンセプトです。生徒にどんな力をつけてほしいかと先生同士で話しあう中で生まれてきたコンセプトです。他者を思いやりともに生きる、共感するチカラ、輪っかの「輪《わ》」。話すという「話《わ》」は、人の話に耳を傾けたり、自分の思いをちゃんと相手に伝えようとするコミュニケーションのチカラ。平和の「和《わ》」は、人とともに生きるために守るべき規範意識。そして、この三つのチカラを育むもとに「信頼」を置こうというわけです。今年の1年生はこのコンセプトをしっかり教員間で共有した上で、生徒とのかかわりをスタートしました。しっかりとコンセプトの論議に時間をかけた分、そのことが生徒にもしっかりと浸透しています。春の合宿から本当にいい感じでスタートしました。もう一つ、大きな変化、それは2・3年生の有志、ピアカウンセラーの存在です。彼らはトレーニングを受け、先生と生徒をつなぐ存在、よき先輩として、合宿以降1年生にしっかりとかかわってくれました。彼らのおかげで1年生は落ち着いたスタートを切ることができましたが、彼らもたくさんのことを1年生とのかかわりから学んでいます。

菊地　いまはなかなか先生がかかわる時間が充分に保障されていませんが、松高ではどのようにクリアしていますか?

檜本　松高では、先生と生徒が本当によく話をします。放課後とかあっちこっちでよく話をしていますよ。子どもたち同士もよくかかわり合いますね。たとえば、体育祭は松高生にとって一大イベントですが、その準備中実によくもめごとが起こります。けれど、その中でもめたことを生徒自身が解決していくんです。そのチカラはすごいです。お互い気を遣いながらも、譲りませんから。彼らの折り合いをつけるチカラはたいしたもんです。

菊地　まさに国際紛争の世界の縮図ですね。

檜本　ほんまにそうです。体育祭の裏舞台では、悔しさをこらえて涙する子が必ずいます。

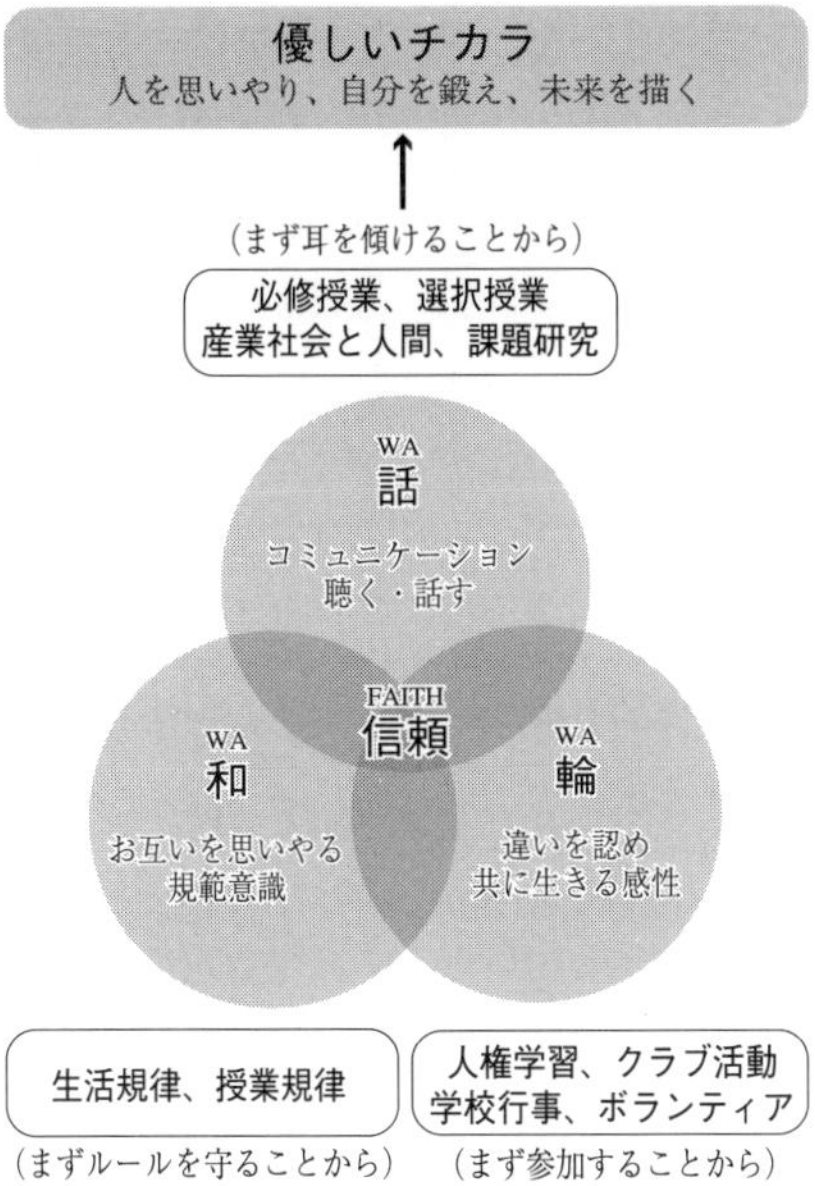

松原高校　学校コンセプト

でもそういう子がいることで、大きな舞台が成立する。そして最後に「ありがとう」って言って、泣いていた子の思いもちゃんと受け容れるんです。いつもうまくいくときばかりではありませんが…。

菊地　そのときに先生はどういう風にかかわっていますか？　どの程度介入していますか？

檜本　昔はよく介入していましたが、いまはあまり介入しません。介入はしませんが、生徒たちの動向はいつも注視しています。むしろ、「どうなっている？」っていうのをよく聴いたりして…。どうしてもこちらが介入せなあかん最小限のことだけやります。生徒たちは、いろんなものを抱えていて、よく大きく揺れたりもします。それでもそういうつながりの中でリーダーは着実に育ってきますね。

菊地　その学びって、ホームルーム合宿の中で深められていくということはありますか？

檜本　それはあります。最近は以前ならあたりまえだった常識がなかなか通用しないこともあって、体育祭のルールも年々厳しくなってきています。普段ならなかなかルールを守らないやんちゃな生徒たちもそれが自分たちの大事な体育祭を成功させるためのルールだと納得すればそれをすごく守るんですよ。実におもしろいです。「自分らの体育祭や」「俺たちの晴れ舞台や」という意識が根っこにあるからでしょう。与えられたものであっても、そのルールの中でどうするかというところに、ものすごくみんな意識が集中するんですね。いったん納得すれば、「どうでもいいやんか…」というのは、あんまりありません。

菊地　自分たちの大切な学びの場、生きていく場…という意識という根っこをどう育てていくか…。

対話のための「枠」

易　やっぱ人間の生活には枠がいるねんな。子どもたちが世の中には譲れないことがあるんやということを知ることも大事やしなぁ。

檜本　外からはめた枠と自分らが納得した枠が、結果として一致してうまく機能しているんですね。もちろん、途中いろいろもめたりもするんですけど。

易　言いたい放題ではあかんということもわかっているし。あとは枠が狭いとおもろないので、適度の大きさの枠を提供してやることが教育の大事なところでもあると思いますわ。

菊地　対話のための枠ですか?

檜本　そうですね。その枠は使いようやと思います。場合によっては理屈で攻めるのではなく、基本的な生活規律などは、「ダメなものはダメ」と言い切った方がええんやなと思うときがあります。

易　昔は親父がやってきた枠やな…。枠がないとかえって不信感が増すということがあるし。

檜本　そう、枠があることで自由に生きれるってことありますね。たとえば、「人権」というのも松高では大事な枠です。

菊地　なるほど。

檜本　松高ってある種理想を追っているだけに、その理想が生徒の現実から乖離する可能性があります。枠は枠で大事にしていく側面と融通をきかせていく両面があって、枠をどう使いきっていくか、そこが鍵ですね。理想と現実、そのバランスをとっていくことがとても重要です。枠組みの中での対話というか、一人二役をやっていかなあかんねんなと思います。

易　学校という枠について言うと、その子がどんな枠で育つのが育ちやすいのかの見極めは難しい。枠に合わそうとしてもその中では元気の出ない子もいるんです。そういう意味では、学校の内容の豊かさを育てることも大切だけど、全体としてはいろんなタイプの学校が並立する複線型にならざるを得ないと思いますね…。今の社会の中では不登校が出てあたりまえやと思いますわ。どちらかでぜんぶすくい取ってしまおうという発想はね、それは無理なんちゃうかな。

菊地　最後に、松高の取り組みをはじめ、教育現場での経験をふまえて、いま感じておられることを…。

易　せやなぁ。やはり、いまある種の教養教育が絶対に必要やと思う。それがないところでは学校文化も育たないと思いますわ…。それぞれの生徒が自分が生きる世の中や人間関係を読み解く鍵としての世界観と人間観の基礎を伝えることが大事やと思います。じつはホリスティック関係の本はあまり読んでませんけど（笑）、世界や人間を全体性の中で見るという見方は、いま、一番大事やないのかなぁと思う。「この世の中は、矛盾したものの統一の中で成り立っている」「１００％正しいものもなく１００％間違っているものもない」「その人の成長はその人自身の中にその成長の契機を持っている」「一面を見るだけではその人のことをわかったとは絶対に言えない」など、先人たちが残してくれた世の中や人間の見方には人類の知恵が詰まっている。こんなことを次の世代にきっちりと伝えんとあかん。ぼくは、いま増えている傷つきやすい子どもというのは、世の中は自分の敵と味方しかいないと思ってるんちゃうかなと感じている。もう少し余裕を持って世の中を受け容れたらいいのになと。少年犯罪が発生すると、マスコミはその加害者が宇宙から来た生物であるかのようにその特異性を強調して厳罰化で対処しようとするけど、実は、その加害者も自分たちの社会そのものが生み出した人間だという問題の共有化こそが求められてるんやと思う。問題行動を脳の機能的な問題に矮小化する傾向も、そんな事もあるかもしれんけど、ぼくには、自分たちの社会の問題をより深く考えることを回避するための理屈に思える。こんな考えは、テロ撲滅の発想の裏にある、気に入らん物は排除して潰してしまえという短絡的な発想と一緒のように思えて仕方ない。最後に学校について言うと、学校はある種制約的なものであって、システムを大事にしていますね。これはこれで大切なことやと思っている。人間が成長する上では、困難さも大事にせんとあかん、気持ちのいいものばっかりで世の中は成り立っていないし、気持ち悪いことや大変なことであったり、いやなことであったり、そんなことがありながら成り立っていることを教えることも教育とちゃうかなぁ。それに乗り切れない子どもたちもいる。そういう子どもたちを受け入れる場所もあって、それぞれが相互に影響しあっていく。それに家庭や社会機関を含めて全体として次の世代を育てる重層的な営みがあって、それをみんなが当事者として温かく、そしてしっかりと注目している。こういう枠組みが大事なんやないかなぁ。夢かも知れんけど。

菊地　お二人の先生以外にも、松高を支えてきた先生が大勢おられますが、今日は先生方のまなざしや学校づくりに共通する根っこの部分を語ってくださったように思います。生徒を大切にする思いと同時に、時代をきちんと読み解き、厳しく迫っていくしたたかさをもった、まさに「松高魂」ですね。松高の試みが持続可能になるには、さらに多くの学び舎にこの「松高魂」が広がることが欠かせないと思います。時間の制約もあり、聞き手が充分に引き出せないところも多々ありましたが、少なくともその大切な部分が読者のみなさんに伝わるといいなぁと思っています。本日は、お忙しい中、食べ散らかしていただいて（笑）、ありがとうございました。

易　なんか、好き勝手しゃべってもうたなぁ（笑）。こんなんでええんですか？

檜本　ほんま、大丈夫ですかねぇ？

菊地　…（沈黙）…。ま、大丈夫でしょう（笑）！

【付記】松高の多様な取り組みと全体像につきましては、当事者の手による『進化する高校　深化する学び―総合的《ホリスティック》な知をはぐくむ松高の実践―』（菊地栄治編、学事出版）をご参照ください。また、最近の状況については充実した同校ＵＲＬをご覧ください。http://www.osaka-c.ed.jp/matsubara/

NGO活動とスピリチュアリティ

―学校のほうきの柄から―

奥村　知亜子

日本語・日本文学・日本文化を大切に思える上での真のインターナショナルでグローバルなオープンマインドを高校生に培いたいと思って高等学校の教員になったのですが、現場では受験システムに圧倒された子どもたちが現代的な問題に疲弊していて、社会や大人としてのあり方を問う日々でした。赴任して8年。現場だけで教員として活動していたのではどうにもならない。そもそも、物質主義・競争主義・手前勝手の大人社会のあり方、地球環境の維持を視野にいれない大人の傲慢な生き方こそが問われているのだと思ったのです。

その頃、偶然に熱帯雨林保護運動に出会い、木を切り出して安易にごみにまわす日本人社会に対しての活動を始めました。1989年より「ウータン・森と生活を考える会」へ所属し、入会後すぐにマレーシア・サラワク州（ボルネオ島）の熱帯雨林のジャングルへ入りました。

森の豊かさ

川が蛇行してうねり、ブロッコリーのような木が低木層、中木層、高木層をなしてうっそうと茂っています。ロングハウスでの共同体のような暮らし。温かい楽しさ。いくつもの家族が食をともにし、洗濯に、釣りに、泳ぎにと一緒に川へ出かけます。焼畑、収穫、脱穀、かご編み、木彫、音曲、舞

○おくむら　ちあこ
1961年生まれ。協会運営委員。元高校国語教師。NZでシュタイナー教員養成卒。レインボーサークル主宰。関西にシュタイナー治療教育スクールを創る会を運営し治療教育を学んでいる。現在まで、種々の環境・平和・人権等のNGO活動に参加。

い、祭、ボートを漕いでの川渡り。共同で人間の手によって紡ぎ出される暮らし。熱帯林のジャングルを案内してもらい、じっと惹きつけられたのは熱帯林の根っこでした。それは板根と呼ばれ、根っこが地上部に大きく盛り上がっているのです。その根にふれたときに、とても神聖な思いが湧きあがり、この何百年もの間いのちをたたえてきた木には霊的に崇高なものが宿っていると確信しました。それを惜しげもなく使い捨てしている私たちの国。そういうことに無配慮なところに、子どもたちが病んでいく根があるのだと思いました。

熱帯雨林と私たちの暮らし・ほうきの柄から

１９５０年代に丸太の関税がゼロとなり、戦争後の住宅供給および家具供給のために大量生産時代を迎え、安いアジアからの熱帯雨林材が使われました。業界も熱帯雨林材に適応した機材を導入して、戦前の職人仕事であった建築、家具製造は大量生産期へシフトしました。以来、生産コストを抑えるためにと大量に使用されていたのです。

サラワク州の先住民の訴えに応える形で熱帯木材の使用削減に取組みました。彼らは「森は母なるいのちだ」と語りました。この活動を通してスピリットを感じ取れる感性を取り戻そうと思ったのです。

育児休養中に毎日みつめていた台所の家具材の表示が「天然木」とあまりにも大雑把な表示であることが腑に落ちず、家庭家具雑貨における熱帯材使用に関する調査をしました。貴重な木なのにどんな樹種でどこから来たのかさえ意識することもないまま使っているなんて申しわけなく思えました。昔は樹種を知り明記することは家具職人の誇りと言われていたことも知って納得。「ラミン調査会」というＮＧＯを立ち上げてワシントン条約付属書Ⅲに掲載されたラミン材の使用に特化して２０００年より調査活動をしました。その年にはインドネシアから環境団体の青年がやってきて、ラミン材が希少種となっているのに国立公園内からどんどん持ち出されていると訴えました。ラミン材とは、沼地など、オランウータンの生息地に生えている木でもありました。ラミン材が使用されている製品はたくさんありました。ほうき、額縁、ベッドの枠、写真フレーム、丸棒……。

学校のほうきの柄というと、「ちゃんばら」の思い出があります。特に外材丸太の関税がゼロになった後、関西の港が熱帯木材の寄港地となって貯牧場や処理工場が林立してきた中で、学校で竹材が使用されていたほうきの柄として、関西を中心に、「ちゃんばら」でも壊れない木材にという学校の教員の要望を先取りして、ラミン材が使われてきた経緯があるのです。私は学校の保健部に所属して学校中のほうきの点検整備を9年もやっていたのですが、ラミンが絶滅の危機に瀕している現在、そのほうきをもう一度竹材に戻してもらえないかという活動を手始めに展開したのです。インドネシアの危機的な生息地から違法に切られて運ばれてくる木々たちは、私には強制連行されてくる人々のように思えました。いのちがいとも簡単に製品にさせられる。

「コストを抑えて、ラミン材に、ラワン材に、熱帯木材に」というフレーズを幾度となく聞いたことでしょうか。「コストを抑える」というのは結果を急ぐ社会の象徴的なフレーズです。そのために犠牲になるいのちがあるのです。

ほうきに着目したのは、子どもたちにまず私たちのスピリットを大事にするという姿勢を届けたかったのです。子どもには、未来を握っていてほしい。そして、掃除というものはスピリットを迎えるという行為です。

大きな変革も善良なたった一人の行為から

調査好きの仲間が協力して、ほうきに関しては一つのルートを見つけました。伐採地（山・澤）↓搬送（川）↓港↓（密輸船）↓（密輸地）↓（密輸港）↓日本の港↓貯木場↓加工工場↓卸↓学校などの施設というルートです。そこで家の近くの卸業者さんを見つけて頼みに行きました。

大阪の藤井寺と堺の全小中学校にほうきを卸している業者で、個人経営しておられる昔からの業者でした。お願いすると、すぐ「いいよ。竹使用のものに変えて卸すわ。値段は同じやから」とおっしゃいました。その前に藤井寺全市の小学校20校あまりに電話で依頼を行って、ほとんどの学校は、そんなもったいない状態なら竹のほうきに変えると言ってくれていたので、これは誰にとっても幸せなことだと思いお願いしたのです。

その一度の訪問で藤井寺市と堺市のほうきの柄が竹に戻り

ました。調査を3年ほどして、03年に最初の交渉の出だしを作り、04年は「ウータン・森と生活を考える会」の他のメンバーもキャンペーンをして行政交渉および企業交渉を打ち、現在３００社余りの企業がラミン材の使用停止、代替材への転換を行ってくれました。

この間にラミン材はワシントン条約付属書Ⅱに入り、インドネシアやイギリスの国際環境ＮＧＯと共に提携して動いてきました。Ｇ８やＩＴＴＯ（国際熱帯木材機関―横浜本部）ＡＦＰ（アジア森林パートナーシップ）で問題提示、ロビーイング活動、代替案提示、交渉などなどさまざまなことを行ってきました。この10年の間に環境省や林野庁も共に違法伐採に取り組むという方針を決め、リードしてくださるようになりました。

80年後半に始めた活動ですが、ロビーイング、実態調査、代替案調査、代替案創造、代替案を含んだ提言交渉活動、国内外のＮＧＯ・行政・議員・企業・国産材活用を目標とする山林地域などとのさまざまなネットワーク、全国の自治体への段階的アンケートとヒアリング、企業への依頼とアンケート、交渉などさまざまな方途をとりました。

人智を超えた力に助けられて

私の根っこはスピリットへの大いなる感謝と共同にあり、行動の主となる原動力は瞑想によりますが、連携に垣根はなく、地球の友、熱帯林行動ネットワーク、グリンピース、ＥＩＡやテラパックのような海外のＮＧＯも、企業も行政もともに行動を行うことでつながる仲間と思います。

スピリチュアリティはどなたの中にも根幹としてあると確信していますが、とりわけ地球規模の活動のような利己を超えた活動は、スピリチュアリティに支えられていると思います。

国内外の活動者との連携の中でインスパイヤーされて起こる事柄は人智を超えていると思わざるを得ないことが多々あります。決断して行動するとき発動する力があります。

遠い世代の地球、子どもたちのために、献身的に日々この莫大な事務作業などを引き受けている様々な人々の意志と活動、ポジティブで地道なＮＧＯの活動を、精神世界は大きな力で援助していると確信し、その恵みに大いに感謝しています。

ぼくはボランティア
—南の国の子どもたちと共に—

小貫　大輔／川原　翼／安藤　将／ナンシー・リサ・ミヤガサコほか

ぼくはボランティア

ぼくの名前は安藤つばさ。

日本の大学を休学して、ブラジルのサンパウロという街で、貧しい子どもたちのためのボランティアをしている。モンチ・アズールという名前の、ぼくが働くファベーラ（貧民街）には、コミュニティ協会があって、そこに毎年、世界中から20人以上のボランティアがやってきて、たいがいの場合は1年間、働きながら暮らしていく。ぼくは、その中で一番の新人。

ファベーラっていうのは、スラムっていうか、貧しい人たちが自分たちで掘っ建て小屋を作って住んでいるところのこと。今にも崩れそうな家がいくつも折り重なって建っている。このモンチ・アズールっていうファベーラには、自分たちの街をよくしようと、保育園や診療所、職業訓練所なんかをつくって働いている人たちがたくさんい

○おぬき　だいすけ
1961年生まれ。モンチ・アズール・コミュニティ協会の初代日本人ボランティア。この協会の支援者とボランティア卒業生で作るNGOの「CRI—チルドレンズ・リソース・インターナショナル」代表運営委員。

て、ぼくたちボランティアは、彼らの手伝いをさせてもらっているわけだ。手伝いっていうか、手伝われているのか、正直なところまったくわからないけれど。

なんで、ぼくは今ここにいるのか。

実は、1年前に一度ここに来て、1週間お世話になったことがある。そのときは、まさかいつか自分がもう一度もどって来て、しかも1年もいることになるなんて思いもしなかった。旅行でたずねたこの国の、子どもたちのことが知りたくて、人に相談していったらここを紹介されたのだった。

まずびっくりしたのは、日本から来たボランティアが何人もいて、ブラジルの人も恐れるファベーラなんてところで働いていることだった。そして、もう一つびっくりしたこと。それは、そんな日本人の一人にモンチ・アズールを案内してもらったときのことだった。

ファベーラの町並

その人は、ファベーラを歩きながら、人に会うたびに、ほっぺたにキスしたり、まるで何年かぶりに会う人同士のように抱き合ったりする。そんなことを人に会うたびに繰りかえすから、いつまでたっても先に進まない。「いつぶりに会ったの？」と聞いてみると、「えっと、昨日も会ったかな」という。

なんだかそれが、やけに羨ましかった。

何日間かそのファベーラで過ごすうちに、その気持ちはますます大きくなっていった。ぼくも、ここの人たちとこんなふうに過ごしたい、そう思うようになっていった。

モンチ・アズールで過ごしていると、一体誰がボランティアで、誰が職員で、誰が住民なのかわからない。職員やボランティアがこの土地に溶け込んでいて、住民の人たちとみんなで一緒になって働いている。誰も、誰かのために「何かをしてあげる」といったことはなく、土地の人も誰かに「何かをしてもらっている」という感じじゃない。そうじゃなくて、みんな一緒になって、この街をよくしていこうとしている。そんな感じがした。そんなところでボランティアをして働いている人たちが、ぼくには羨ましくて、嫉妬にも近い憧れを感じたのだった。

ここにもっと居たい。この人たちともっと一緒に居たら、きっと自分も人間として成長できそう。帰国の日が近づいて来たとき、思わず口から言葉が出た。

「また来ていいですか？　今度はもっと長くいたいんです」

そして、1年後に帰ってきた。それが今ぼくがここにいる理由。

ボランティアの朝

ボランティアが共同生活する家では、朝のシャワーがみんなの日課。

ブラジルの人も、ヨーロッパやその他の国から来たボランティアたちも、やけに朝のシャワーをたいせつにする。女の子も男の子も、バスタオル1枚で人が朝ご飯を食べているところを通りぬけていく。ボランティアの家では、いろんな国から来た人たちが一緒に暮らしていて、とにかくみんな個性的だ。

早くからおきて庭にマットを敷いてヨガをやってるのは、ドイツから来たセロ弾きの女の子。オレンジをせっせと何個も何個も絞ってオレンジジュースを作る、スペイン人のベジタリアン。得意そうに牛乳を泡立てて、カプチーノをみんなに作ってくれる早口なイタリアン。ナミビアというアフリカの国から来た女の子は、ドイツ系移民

の子孫なので透き通るような金髪だ。

朝眠たいのは誰も同じと思うけど、しかも大勢住んでる家では、気づけば仕事場に向かう時間。だけど、目をしょぼしょぼさせているのはここまで。

家を出て、朝の仕事場まで向かう道、人と出会うたびに「ボン・ジーア！」の挨拶。「ボン・ジーア」は「おはよう」にあたる言葉だけど、その意味は「どうぞよい日を！」ということだ。朝から、会う人みんなが、ぼくの一日がいい日であることを祈ってくれる。そんなあいさつを何度もしていると、本当にその日一日がいい日になるように思えてくる。その上、女の人と出会うと、ほっぺたにキスや抱擁ができてしまう。朝からキレイな女の人とキスや抱擁をするのは、本当に得したような気分。ごめん！　キレイだかどうだかは関係ない。誰からでも、ぎゅっと抱きしめられると、相手の鼓動や温もりが伝わってきて、「あぁ、今日も生きているな」と思う。

だから、仕事場に着くころまでに、ぼくはすっかり「今日も一日頑張るぞー！」って感じになるんだ。

午前中は食堂で給食作り

ぼくの朝の仕事は給食作り。学童保育所の一角にある台所で働いている。台所仕事は、言葉が苦手な人がよく最初に配属される修行の場所だ。学童保育の生徒たち１００人ほどと、職員やボランティアの昼ごはんを作る。３時には午後のおやつも出している。保育園もあるんだけど、そこでは保母さんたちが自分たちで昼食の準備をする。「保育園は、できるだけ家庭のようなところであるべき」という教育観があるからだそうだ。

モンチ・アズールの教育活動は、学童保育所も保育園も、実はシュタイナー教育という考え方で運営されている。教育活動だけじゃない。診療所では、シュタイナー医療の先生が診てくれるし、心理カウンセリングや理学療法の他に、シュタイナー方式のセラピストが来ていて、リズム・マッサージだとか、水彩画や粘土を使ったアート・セラピーだとか、音楽を使ったセラピーだとか、独特の治療もおこなわれている。街のシュタイナー・クリニックの基金と提携していて、お医者さんやセラピストたちが派遣されてくるんだそうだ。さまざまな職業訓練所もあって、なかでも木工の工房が成功して手広くやっている。

学童保育所、保育園、職業訓練所、あわせて１０００人以上の子どもを面倒見ているらしい。その子たちに給食を出すだけでも大変だと思うけど、モンチ・アズールの活動経費の６割以上は、市の政府から受ける助成金でまかなっているそうだ。

給食の野菜は、シュタイナー農法を目指した有機農法でだいたい自給自足できている。バスで40～50分離れたところにある農園の方には、日本人の女の子が一人ボランティアとして入っていて、せっせと草むしりに専念しているとのこと。そっちの方は、昔はのんびりした田園風景だったそうだけど、今は急激に人口が増えていて、モンチ・アズール・コミュニティ協会も、農業だけじゃなくて保育、学童保育、診療、職業訓練の活動を結構大きく展開している。山の木を切り倒して強引に土地を不法占拠していく「土地なしの民の運動」が急激に広がっているところだから、結構危なっかしくてテンションが高いらしい。

モンチ・アズールって一言で言うけれど、モンチ・アズールという名前のファベーラと、今話した田園風景転じて巨大なスラムがうまれつつあるオリゾンチ・アズールという地域、それからペイーニャという名前のもう一つのファベーラの、全部で３ヵ所で展開される活動なんだ。

ぼくが朝働いているのは、ペイーニャの食堂。モンチ・アズールのファベーラからはバスターミナルを挟んで大通りの反対側に位置している。そこで、ぼくは、３人のたくましくもやさしい女の人たちと一緒に仕事をしている。

仕事が始まると、彼女たちはとにかく歌う。そして踊る。玉ねぎを切りながら、そのリズムに合わせて踊ったり、歌ったり。しまいには、ぼくにも何か歌えと強要してくる。

「仕事は楽しくやらなきゃだめだ」

それが彼女たちの言い分だ。ブラジルの女性には勝てない。思いっきり恥ずかしいのを克服して、日本語の歌を歌う。ここがブラジルで生きてることのいいところ。ちゃんと盛り上がってくれるんだなあ。そして、もう1曲歌えということになる。

家で昨日起こったおかしな話や、夫の悪口、子どものことでの心配ごとなんかの話が飛び交う。手よりも口が動くってこういうことだ。それでも、食事は時間通りちゃんとできていて、それが不思議。

お昼休みはみんなと一緒に

食事の準備ができると、ぼくは、午後の仕事場になっているモンチ・アズールの学童保育所に向かう。お昼はたいがい、モンチ・アズールで食べる。

道すがら、ポケットから辞書を取り出して、食堂での会話でわからなかった単語を調べてみる。ポルトガル語は、日本語と同じに五つの母音からできているので、聞くのは結構聞きやすい。わからない言葉をカタカナでメモしておけば、あとでローマ字にして辞書で調べることができる。英語みたいに、発音と文字の表記とがぜんぜん違う言語とは大違いだ。ペイーニャの食堂からモンチ・アズールの学童保育所まで、ゆっくり歩いて25分。結構立派なポルトガル語の勉強になる。

午後の仕事場まで行くには、モンチ・アズールのファベーラを縦に通り抜ける道を使う。ファベーラの真ん中にさしかかると、15～16歳の青年たちができたばかりの広場でバスケットボールやサッカーをしている。午前の学校が終わったのだろうか？　みんな必死でボールを追いかけている。

ファベーラというと、ドラッグや犯罪の巣窟のように恐れられるけれど、ここでは、若者たちがスポーツに汗を流している。あとで話すけど、夕方になると音楽だとか演劇だとかの練習に集まってくる。そんな風景、日本でもなかなか見られないんじゃないかな。

ファベーラの中を歩いてると、女の子が一人、家の前で座っている。学童保育所のぼくのクラスのブレンダだ。お母さんはモンチ・アズールの保母さんで、ブレンダは3人姉妹の末っ子。今年8歳になるそうだ。詳しい事情は知らないけれど、お父さんとは一緒に暮らしていない。ブレンダの家族とは仲よくさせてもらっていて、よく家に遊びに行ったりもする。ブレンダは、手に負えない悪がきどもたちの中で、奇跡に近い優等生だ。

近くまで行くと、ブレンダは、

「ボン・ジーア、つばさ。今からどこにいくの？」

「ボン・ジーア、ブレンダ。今から文化センターに行くんだよ」

ぼくの学童保育所は、文化センターの一角にあるのだ。

「じゃあ、私も一緒にいくわ」

そう言って、ブレンダは駆け寄り、ぼくと手をつないで歩き始めた。

少し進むと、今度はブレンダの友達で、やっぱりぼくのクラスのラリッサが、家の2階の窓から顔を出している。ファベーラの家屋は急な斜面に危なっかしく建てられているんだけど、ずいぶん無理して2階建て、ときには3階建てにしているところが多い。

「ボン・ジーア、ラリッサ。元気かい？　今から文化センターに行くんだけど、一緒に行かない？」

彼女はちょっと待ってという仕草をして、窓の奥にひっこんだ。と思うとすぐに出てきて、ぼくのもう一方の手に掴まった。そんなことをしているうちに、気づけば、ぼくの周りには子どもたちが7～8人もついて歩いている。まるで、桃太郎だ。

モンチ・アズールの文化センターに到着すると、職員がすでにチラホラ集まってきていて、お昼ご飯を食べ始めていた。ぼくは、その人たち全員とあいさつを交わしてから（本当に一日中キスをしている）、漂ってくるおいしそうな匂いに誘い込まれて食堂に入る。もう、お腹ペコペコ。

モンチ・アズールにはいくつか食堂があるけど、正直言って文化センターのここが一番おいしい。学童の給食のほかに、職員のお昼ご飯もここで出される。午前中それぞれの場所で仕事をしていた人たちが、お昼のときだけ集まってきて、みんなで一緒にご飯を食べるのだ。文化センターの職員、経理の人たち、建築工事のおじさんたち、学童の先生、食堂のおばちゃん、そしてぼくら外国人ボランティアも、みんなで一緒にお昼を食べる。

テーブルが足りないから、たいがいの人は学童の校庭で木陰に座って食べる。午前の仕事が終わって一息ついて、好きな人々と話をしながら、おいしいご飯を食べる。ふっと周りを見回すと、モンチ・アズールって、人種も社会階層も年齢も男女の別も関係なく、本当にいろんな人の集まるところだって、つくづく思う。ご飯を食べているぼくらのそばを、学童にやってきた子どもたちが駆けまわり、知能障害やダウン症のグループの子どもたちが、通る人一人ひとりに親しくあいさつしたりしている。

一日の中で、最高に落ちつくひとときだ。

モンチ・アズール・コミュニティ協会では、職員全員、昼食と、午前、午後のお茶の時間はいくらでも食べていいことになっている。食事は、白いご飯とフェジョン豆の料理が中心。日本人のご飯とお味噌汁みたいに、ブラジルの食事に欠かせないものだ。それにサラダと、野菜、何らかのたんぱく質のおかずがついてくる。バナナかオレンジ、ときには旬の果物がデザート。

女の人たちが生き生きしているファベーラの社会

調理室の奥からリンダウバが出てきて、
「つばさ！　ちゃんとたくさん働いてきたの⁉　じゃなきゃ、ここのご飯は食べたらダメよ！」
と、大きな声で、笑いながら話しかけてきた。

リンダウバというこの女性には、ぼくたちボランティアはとっても世話になっている。彼女は、文化センターの食堂の調理責任者であり、ボランティア受け入れの責任者でもある。モンチ・アズールから少し歩いたところにある彼女の家にも、いつもボランティアが何人かホームステイをさせてもらっている。今も、日本人3人と、イギリス人、コロンビア人が住んでいる。リンダウバ家にはいつも日本人が誰か住んでいるから、家族も日本料理の味をよく知っていて、ヤキソバやカレーライスは定番メニューだ。

リンダウバの家は、まだファベーラに住んでいたときから、日本人ボランティアのホームステイを受け入れていたそうだ。子どもが6人もいて、ファベーラの家はよっぽど満杯だったろうと思う。その後、子どもたちも働いて稼ぐようになって、彼女たち一家はファベーラの外に土地を買って、自分たちで家を建て始めたんだそうだ。それから、もう10年。リンダウバ一家は、自分たちの家を、自分たちの手で、ただひたすらこつこつと建て続けているんだ！

リンダウバの家は、いつも進化し続けている。ぼくが1年前に来たときにはなかった3階が、今度来たときにはできていて、びっくりさせられた。まだあんまり部屋ができていなかった頃は、子どもたちもボランティアもみんなで雑魚寝をして、それが楽しかったというけれど、今は、ちょっとした民宿のような大きな家だ。

そのリンダウバも、北東ブラジルの極端な貧困から逃れてサンパウロにやってきた人だ。今から18年前のことだそうだ。家も家畜も家具も何から何まで売っぱらい、決死の覚悟でバスの切符を買って、長男なんかはその旅で肺炎になって危うく死ぬところだったらしい。

「(長男の)ジョアンゥが途中で死んだらあなたは先に行きなさいって、うちの人に言ったのよ。私はそこに残って息子を埋めるわって。どんなことがあっても、もう後にはひけなかったのよ。バスの中では3日3晩、誰も眠らなかったわ。サンパウロに着いたときは、もうだめかもしれないと思ったわよ。今では、こうしてピンピンしているけどね…。治療の薬代を払ったら、もうスッカラカンだったわ」

リンダウバが話してくれた、そのときの話だ。

モンチ・アズールでは、女の人たちが本当に生き生きしている。

職員も女性が多いし、ファベーラでも働く女性が多い。貧しい人たちの社会では、男性の仕事が安定しないから、女性が働いて生活を支えることが大切だ。お父さんのいない家庭も多いし…。そんな中で、地域に保育園や学童保育の活動があるかないかは、子どもを育てる人たちにとっての死活問題だ。保育園のないファベーラでは、鍵のかかった家に小さな子どもを置いて働きに出たり、弟や妹の面倒をみるためにお姉ちゃんが学校にいけなかったりするそうだ。

ブラジルでは、1986年まで軍事政権が続いた。その当時、市民が政府と正面から対話できる力を最初にもったのが、ファベーラに水道を入れろ、保育園を作れ、という住民運動だったんだそうだ。「ブラジルの奇跡」といわれた、60年代後半からの急激な経済発展。それに伴って都市に流入した農村人口。彼らが作った街がファベーラだった。そのファベーラの人たちが生きていくためには、（電気は盗電するにしても）一に水道、二に保育園だったんだ。

１９７９年に創設されたモンチ・アズール・コミュニティ協会も、もちろんその運動に参加した。参加するどころか、他のグループと一緒にネットワークを作り、保育園運動のリーダー格を担った。今では、市民の作る保育園に、市の政府が助成金を出すというのは当たり前のことになったけど、その頃の運動が実を結んでのことなんだ。１９７９年というのは、軍事政権が恩赦令を出して亡命者の帰国をゆるし、緩やかに民政移管への道を歩み始めた年だ。ブラジルは、世界でも市民社会が強い国だというけれど、モンチ・アズールみたいなグループが、その頃から四半世紀も頑張ってきたからなんだ。

午後は学童保育のアシスタント

お昼ご飯を食べ終わり、少し休んだあとは、いよいよ一日の山場がやってくる。ものすごいエネルギーにあふれる子どもたちと過ごすから、このときのために力を蓄えておかないといけない。

学童保育のぼくのクラスには、７歳から９歳ぐらいまでの子どもたち、約30人が通ってくる。ぼくの仕事は、先生のアシスタント兼雑用係だ。

ブラジルの公立学校は、授業が半日しかない。それでも、まだまだ学校が足りなくて、たいがいの学校は３部制。つまり、午前だけ学校にいくか、午後だけ学校にいくか、大きな子どもなら夜だけ学校にいくかを選ぶことになる。しかも、学校では算数、国語、理科、社会しか教えていない。だから、学童保育の役割は、学校に行っていない時間帯の子どもたちを集めて、体育や音楽・美術みたいな活動が中心になる。シュタイナー教育をベースにするモンチ・アズールでは、芸術を通して子どもの感性を伸ばすことがたいせつにされている。毎回の授業は歌で始まって、歌で終わる。手を使った作業、織物だとか編み物だとかを授業にすることもある。

1時になって先生が鈴を鳴らすと、それまで校庭で遊んでいた子どもたちが一斉に駆け寄って来て列をつくる。先生と握手をして、一人ずつ教室に入っていく。

全員が教室に入ると、子どもたちは円になって座る。先生が出欠をとろうとするが、おしゃべりがうるさくて止まらない。一人がしゃべりだすと、それにつられて何人もが同時にあちこちでしゃべりだす。しまいには先生のカミナリが落ちる。ぼくのクラスの担任のテレジーニャは、怒ると怖いぞ。ようやく騒ぎが収まると、みんなで円になって歌を歌う。そしてお祈り。さっきまで暴れていた男の子も、このときになるとウソのように神妙にして、みんなと一緒に歌い、祈る。

その後給食。毎日給食当番が決められていて、その子たちが人数分のご飯を調理室に取りに行く。お昼ごはんも、お祈りをしてから食べる。ご飯はいくらおかわりしてもいいけど、残すのはダメ。食べ物で遊ぼうものなら、またテレジーニャのカミナリだ。

お昼ごはんが終わってからは、毎日スケジュールが違う。校庭で遊ぶ、先生がお話をしてそのイメージを絵に描く、編み物をする、アクセサリーを作る、リコーダーなんかの楽器を使う、歌を歌う。2~3ヵ月に1度、劇というかお遊戯というかの発表会があって、そのために歌や踊りの練習をすることもある。

校庭では、ドッジボールとか、ペットボトルの取りあい合戦のような遊びが人気だ。

学童保育の子どもたち

女の子は人形を使って遊んだり、砂や石、葉っぱでおままごとをする子もいる。それをぼくに1レアルとかの値段で売ってくれる。男の子は、おいかけっこや木登り、砂場でトンネルを掘ったり、ちゃんばらごっこが好きかな。

おやつは、4時。調理室で焼いたパンとかと、天然果汁100％のジュースのおやつだ！　おやつが終わって片付けも終えると、また輪になって手遊びやなぞなぞなんかのゲームをする。子どもたちが、自分の知っている物語を話すこともある。部屋の電気を消して、ろうそく1本の明かりの中、子どもたちがゆっくりとお話をする。

最後にまたお祈りをして、先生と握手をして、次にぼくと握手をしてから一人ひとり教室をでていく。最近は、ぼくとのあいさつは日本語で「さようなら」と言ってくれる。みんなが一目散に家に帰っていくと、さっきまでの騒ぎはウソのようだ。

子どもと働くのは本当に難しい。「いいお兄さん」であることと、教育者であること。自分が大人であること。毎日が、弱い自分との葛藤だ。子どもたちと一緒にぼくも成長しなくっちゃ。

保育園の先生が言っていた。子どもたちの多くは、家庭でなんらかの問題を抱えている。お父さんとお母さんが離婚していたり、自分のお父さんやお母さんじゃない人に育てられていたり、お父さんが服役中だったり…。子どもたちはうちで発散できないものを保育園に持ってきて、発散しているんだって。学童保育の子どもたちも一緒。すぐ怒ったり、泣いたり、笑ったり、甘えてきたり、ぼくたちは、毎日それについていくのがやっと。

ある日、学童を休んだ子をモンチ・アズールの外で見かけた。年上の子とゴミ拾いをしていた。なんでそんなことをしているのか聞いてみると、「この仕事は、お金になるんだよ」という答えが返ってきた。たった8歳の子どもだ。ぼくは何も言い返せなかった。

アフター・ファイブはまだまだ盛りだくさん

5時。一日の仕事が終わる。思いっきり、肩から力がぬける感じ。だけど、モンチ・アズールは、夕方からがまたまた盛りだくさんなんだ。コーラス・グループやヨガ教室、ダンス教室、カポエラという格闘技の教室、バイオリンやギターのクラス、各種語学教室、文化センターで音楽や演劇や映画が上演される日。毎日必ず何かがおこっている。

たとえば、毎週火曜日は日本語教室の日。この日になると、日本人ボランティアはみんなそれぞれの仕事場から集まってきて、ファベーラやその近所に住んでいる人たちに日本語を教えている。6時半から8時までの1時間半、子どもから大人まで20～30人集まる人気の教室なんだ。最近は、ブラジル全体で日本語熱が高まっていて、ぼくたちのクラスも大きくなる一方。

ブラジルという国は、思いっきり日本のことが好きな親日社会だ。日本食レストランも大繁盛していて、箸の使えないブラジル人なんて、教養がない人のように言われてしまう。日本のマンガやアニメが流行っていて、「日本語でマンガを読めるようになりたい」なんて言う人もたくさんいる。車の窓に、「愛」とか「平和」とか「誠」とか漢字で書いたスティッカーを張っている人もたくさんいる。

１００年になろうとする日系移民の歴史があって、日本人はまじめに働くすばらしい人たちだ、という評価が定着しているからなのかもしれない。ブラジルと日本って、まったく正反対なことが多いから、お互いに憧れるからなのかもしれない。

ぼくたちが授業で心がけているのは、とにかく楽しく日本語を学んでもらうこと。ただ言葉を学ぶだけじゃなくて、日本の文化にふれることの楽しさを知ってほしいなと思ってやっている。漢字は、教え方によってはすっごい文化体験になる。マンガを使って日本語の言い回しを教えたり、自己紹介の練習では、劇のようにやってもらったり。生徒のノリがいいので、授業中は笑いが絶えない。

毎週、木曜日は、職員がみんな集まるミーティングの日

毎週木曜日の夕方は、モンチ・アズールとペイーニャとオリゾンチ・アズール、３ヵ所の活動地のそれぞれの場所で、教育、職業訓練、医療・保健、事務局など、ふだんはそれぞれの部門で働く職員が全員集うミーティングが開かれる。そのほかに、月に1度、３ヵ所の活動地からすべての職員が集まる全体ミーティングも開かれる。職員２００人、外国人ボランティアも20～30人いる組織だから、全体ミーティングのときは、ちょっとしたお祭りみたいなものだ。ミーティングといっても、話しあいばっかりじゃない。必ず誰かが出しものを準備していて、音楽の発表だとか、保育園で準備している季節のテーマを劇にしたものだとか、誰かをよんできての講演だとかがある。

モンチ・アズールでは、ミーティングを始めるときに歌う歌がある。ぼくは、その歌がモンチ・アズールの歌だって気がする。全員が立ち上がって手をつないで輪を作る。そして誰からともなく歌いだす。

主よ、私をあなたの平和の道具としてお使いください
憎しみのあるところに、愛をもたらすために
罪のあるところに、許しをもたらすために
不和のあるところに、調和をもたらすために
疑念のあるところに、信念をもたらすために

誤りのあるところに、真実をもたらすために
絶望のあるところに、希望をもたらすために
悲しみのあるところに、喜びをもたらすために
闇のあるところに、光をもたらすために
どうぞ私をお使わしください

主よ、私が道を求めることをお助けください
慰められることより、慰めることを
理解されることより、理解することを
愛されることより、愛することを求めるように
なぜなら、与えることが、与えられることであり
許すことが、許されることであり
死を迎えることが、永遠の生を生きることなのです

「アッシジの聖サンフランシスコの祈り」を歌ったものだ。

ブラジルから思うこと

すっかり夜も暗くなって家に帰る道。ふと、夜空を見上げると、丸々とした満月がのぼっている。きれいだ

木曜のミーティング

なー。同じ月を日本の親や友だちもみているのだろうか？

崖下に広がるファベーラの町並みが見えてきた。夜のファベーラは美しい。折り重なるように、寄り添うように建つ一つ一つの家に、ぽつりぽつりとオレンジ色の電灯が灯る。まるで夜空の星を、この地に映す鏡のようだ。あの一つ一つの明かりの下では、狭い家にたくさんの家族が寄り添って生活しているんだ。

家に着くと、ちょうどみんなで食事をはじめるところだった。この家では食事当番はない。誰かのお腹がすいて、何か作り始めると、だんだんまわりがそわそわしてきて「なんか手伝おうか？」とか「なにつくってるの？」とかいうことになる。今日はイタリアから来た女の子、チェチリアが作ったパスタ。今日はといっても最近は毎日パスタだ。簡単で美味しい。しかし、チェチリアが作るとイタリア人なのでみんなの期待が高まる。だから彼女も気合いが入る。がぜん盛り上がる。チーズやオリーブ、そして見たことのないスパイスがたくさん入っていてとっても美味しい。

ご飯を食べながらの話題はさまざまだ。近所に住んでるブラジル人も加わって、いつまでも話し込むことが多い。スイスとドイツの国境地帯の出身のやつはアウトドアに強い。山の中での話や動物の習性のことなんかを教えてくれる。あるやつはコンピューターに強く、あるやつは旅の話。みなそれぞれの経験を話す。みんなの国の文化、言語の違いも、話し出すと興奮してくるテーマだ。

平和や戦争についても話す。ボランティアの家は、モンチ・アズールの創始者ウテさんの家と同じ敷地にあるんだけど、彼女がテーブルに加わると、この話が盛り上がる。この地球には、日本のほかにもたくさんの国があって、たくさんの人が、いろんな社会で、いろんな文化の中で、いろんな言葉をしゃべって生きている。その中で、ぼくが育ったような恵まれた環境に産まれた人は、きっとほんの一部。赤ちゃんの頃に死んでしまう子ども。親から暴力を受けたり、路上で生活している子ども。学校にもいけない子ども。それどころか、自分の体をお金に変えて生きる子どももいる。ブラジルに来なかったら、そんなことが本当におこっているなんて、話には聞いてもきっと実感できることはなかっただろう。

ぼくは、地球の反対側にあるこのブラジルという国まで来て、本当にたいせつな友だちを見つけた。たいせつな彼らのために、何かをしたい。そう思うのは自然なことだよね。そう思って本当に何かをするようになったとき、ぼくは彼らから、もっともっと大きな何かをもらうようになった。毎日、そのことを思う。

ぼくにとっての日本とブラジルって、ぼくたちの地球をこっちと向こうからはさんで支えている国同士ってイメージなんだ。何もかも正反対同士に見える二つの国が、だからこそお互いをおぎないあって、ぼくたちの星を守っているってイメージ。地球の反対にいる国同士が、心を通わせることができるんだったら、きっとそこから、その気持ちが世界に伝わっていく。そして、世界に平和のメッセージを伝えていくことができると思う。

モンチ・アズールの人たちは、ぼくにそのことを教えてくれた。豊かな社会しか知らなかったぼくが、貧しい国でボランティアをするチャンスを得た。そのことがあって初めて、世界の平和のことを、自分の心の中に、生き生きとイメージできるようになった。

これが、ぼくたちボランティアの一日。

明日もまた、同じような日が待っている。

（写真提供／川原翼、安藤将、ナンシー・リサ・ミヤガサコ）

もうひとつの世界は可能だ！

平野　慶次

○ひらの　よしつぐ
1954年生まれ。日本ホリスティック教育協会常任運営委員。現在休止中の「もうひとつの学びの場」を主宰。18歳から4歳までの7児の父であり、くらしの中から〈子ども時代〉のアライアンスを視野に入れ、新しい場づくりを模索中。

今、世界で

２００１年表題のスローガンを掲げ、ブラジルのポルトアレグレで世界社会フォーラム（以下ＷＳＦとする）が始まりました。今年で5回目。第４回はインドのムンバイで開かれました。２００６年には、ラテンアメリカとアジアとアフリカでの各大陸分散型開催の予定で大枠は決定されたようです。99年のシアトルでのＷＴＯ閣僚会議を流会に追い込んだことが、一つの契機として語られることが多いのですが、世界経済フォーラムに対するカウンターフォーラムを目指しています。世界中のさまざまな労働運動、農民運動、市民運動らが集まって来ています。今、世界を牽引している「新自由主義グローバリゼーション」に対し、問題を感じている人は多いのですが、これまでに繰り返された運動では次第に埒が明かないようになってきています。そこに新しい光を照らし始めた潮流としてＷＳＦは位置付けることができます[1]。

平和への結集

ＷＳＦでは、幾つかの原則憲章が採択されています。その特徴は、「開かれた場」の設定、「多様性」の積極的開花、

「非暴力」の3点だと言われています。[2] ですから、ＷＳＦは「運動」それ自体ではなく、さまざまな「運動」が出会い、つながり合う「場」であると言えます。日本においても無数の「運動」はあっても、出会う「場」が意識的に組織されたことはほとんどないように思います。[3]

千葉大学の公共哲学センターの呼び掛けから始まった「地球平和公共ネットワーク」（以下「地平公」とする）[4] で、研究者・活動家・市民の三者を意識的につなごうという試みが進行中です。そしてこのネットワークから「平和への結集」という運動が始まりました。まだまだ発展途上でどのように成長するか見当がつかないですが、この運動に期待し、参加しています。

わたしのイメージでは、ＷＳＦも地平公もメタレベルでのネットワーク・ムーブメントと理解しています。その本質は、「小異を捨てずに大同につく」ことと考えていますが、多様性を保障するための基本ではないでしょうか。

つながりの場

メタレベルでのつながりを意識しながら構築するという新しいムーブメントを成り立たせる必要な条件は、と問い直すと先のＷＦＳの原則憲章がその最低限の解答のように思えます。「開かれた場」とは、「公共性」に近いと感じます。「公共性」についての興味深い提案があります。山脇直司は、公私二元論では駄目で、「官の公」「民の公共」「私的領域」の三元論を提起してます。さらに、「グローバル」「ローカル」をつなぎ直すために「グローカル」という概念を提示しています。[5] 二元論を三元論へとシフトするとつながりが出てきます。

アメリカ合衆国憲法の基礎になったと言われる北米先住民イロコイ連邦憲法にもイロコイ・トライアングルという対話の進め方にもみられるように二者対立には、媒介者が大切な役割をはたします。[6] 多元的つながりを構築することで、はじめて多様性が育つように思います。そうした多元的つながりを緩やかに構築することが、開かれた場に求められています。

公共のための科学技術[7]

「公共性」を科学技術という切り口から考えようとしている興味深い学会があります。２００１年10月に設立された科学技術社会論学会です[8]。「必要性は強調されるが成功例の少ない、トランス・ディシプナリーな学会」[9]とその意気込みを感じます。さまざまなアカデミック・アプローチに社会論という視座を据えることに大いに期待したいです。

「科学の時代」の幕開けは、人類に大いなる希望を抱かせるものでしたが、人類の資産という共通善が目指されていました。ところが、今は「知的所有権」優先の時代です。知識も商品化されてきています。その代表的事例は、遺伝子組み替え食品などの遺伝子技術ではないかと思えます[10]。

これらの知識の商品化は、医療の世界にも起こっています[11]。さまざまな商品化傾向の基底にあるのは、「市場原理」でしょう。市場原理は、白か黒かの二者択一です。媒介する因子がないのです。サイエンスショップやコンセンサス会議の試みも媒介因子の積極的構築の試みだと評価できます[12]。

持続可能性に向けて

ようやく持続可能性を意識する時代となってきたのですが、どうすればよいのかを問わなければならないでしょう。

この問いに答えるために、何が持続可能性を削いできたのか、と考えることは有効です。市場原理を基底とした科学の発展が、知識の商品化を促し、医療の発展が生命の商品化を促し、とさまざまな商品化が促進されています。市場原理は、需要と供給の二項対立の図式になりますが、媒介因子がないと先にも指摘した通りです。

ミュトスからテオスへ、そしてロゴスへ、さらにホロスへとシフトしてきた流れの中で媒介因子が消滅してきたように考えられます[13]。ですから、意識的に媒介因子を再構築することが必要ではないかと考えています。さらに言い進めると、媒介因子とは、スピリチュアリティだと考えられます。つまり、結論から言えば、持続可能性を成り立たせるために今必要なのは、スピリチュアリティだと考えています。

スピリチュアリティと媒介性

スピリチュアリティと言うと、怪しげなものが多々見受けられます[14]。しかし、よく考えてみると宗教とは、人間と神を媒介するものです。媒介の仕方の差異の現れが、宗教教団ではないでしょうか。異質のものを媒介することは、多くの不思議に満ちています。ですから、怪しげな印象も自然な感覚だろうと思います。

言葉が通じるということにも媒介性が働いています。多文化共生にも媒介性は必要です。多様性を保障するためには、没交渉状態で接点をなくすことではなく、積極的に媒介性を育てることが必要だと考えています。

この媒介性が、スピリチュアリティそのものだと考えるとアクチュアルな意味を付与できると考えています。そうして無媒介性という手の届かない世界から、身近な世界へとシフトできるのだと考えています。

注

（1）村岡到「五年目のWSF—理論とパラダイム」『〈帝国〉をどうする』（村岡到編、白順社）に所収。

（2）『もうひとつの世界は可能だ』（ウィリアム・F・フィッシャー、トーマス・ボニア編、加藤哲朗監修、日本経済評論社）、『帝国への挑戦』（ジャン・セン、アニタ・アナンド、アルトゥール・エスコバル、ピーター・ウォーターマン編、武藤一羊、小倉利丸、戸田清、大屋定晴監訳、作品社）、『オルターグローバリゼーション宣言』（スーザン・ジョージ、杉村昌彦、真田満訳、作品社）を参照。

（3）個人的には「ホリスティック教育フォーラム」という試みが、そのような「場」にならないかと望んでいます。

（4）http://global-peace-public-network.hp.infoseek.co.jp/

（5）『公共哲学とは何か』（山脇直司、ちくま新書）『社会福祉思想の革新』（山脇直司、かわさき市民アカデミーブックレット№21）を参照。

（6）『魂の民主主義』（星川淳、築地書館）を参照。

（7）『公共のための科学技術』（小林傳司編、玉川大学出版部）

（8）http://www.cs.kyoto-wu.ac.jp/jssts/

（9）注8の前書きから。

（10）注7所収の「リスクの政治学」（平川秀幸）、「知的財産権の政治学」（大塚善樹）、「公共性からみた科学技術とリスク情報」（林真理）さらに『バイオパイラシー』（バンダナ・シバ、松本丈二訳、緑風出版）を参照。

（11）『命に値段がつく日—所得格差医療』（色平哲郎、山岡淳一郎、中公新書ラクレ）を参照。

（12）注7所収の「専門家と非専門家の協働」（平川秀幸）、「社会的意志決定への市民参加」（小林傳司）を参照。

（13）『マクロシフト』（アービン・ラズロ、伊藤重行日本版監修、稲田香訳、文春ネスコ）を参照。

（14）おおよそスピリチュアリティという言葉は、無媒介性という文脈で使用されてきたように感じています。

III

持続可能な教育社会

いのちを深めてつくる

視点

ホリスティックな視点から見た内発的発展と教育

今井　重孝

○いまい　しげたか
1948年生まれ。青山学院大学文学部教育学科教員。最近では、ホリスティック教育の観点から教育思想を見直す仕事に興味を持つ。またルーマンのシステム論とシュタイナーの思想との関連にも関心をもっている。

経済における「内発的発展」論は、現在、ひとつの有力なパラダイムとなっています。その地域の文化、伝統、風土など地域の特性にあった経済の発展をはからなければ、長い目で見てその地域の人々のためにならないということが明らかとなってきています。したがって、教育開発の目標は、その土地の気候、自然、風土にあった経済活動を展開することができるような主体的、能動的、創造的な人間形成を行うことであるべきであり、教育開発は、経済の内発的な発展とリンクする形で行わなければならないでしょう。

ところで、20世紀の最初の数十年代において世界的運動として展開された新教育運動の中の、たとえば、今でも著名なフレネの教育は、フレネがフランスの農村の子どもの置かれた状況にふさわしい教育を生み出そうとする苦闘の中から生み出されたものでした。また、世界で900校になんなんとしているシュタイナー学校にしても、目の前の具体的な一人ひとりの子どもたちと唯一性のある一人ひとりの教師たちによって、その具体的状況の中から教育方法を生み出すべきであるという理念にもとづいて展開されています。最近、新潟で始まり外国にも影響を与え始めた、山之内義一郎氏の「学校の森」の実践もまた、昔話を聞く、錦鯉を飼うなどの地域にふさわしい実践を追求する中から生み出されたものでありました。現在注目されている優れた教育方法は、いずれも、その地域の人々のニーズにこたえる形で展開されてきたという共通性をもっています。

１９６０年代以降の開発教育の流れも、西欧標準モデルを移入する段階から、その地域にふさわしい文化、伝統を生かした教育へと次第に移行しつつあります。たとえば、開発教育協会事務局長の湯本浩之氏は、「これから生まれようとする世界ネットワークに参加するとき、そこで期待され必要とされるのは、決してグローバルやナショナルな経験や課題ではなく、リージョナルで、ローカルで、さらにはパーソナルなものでさえあるといえるのではないか[1]」と述べています。

長年にわたって培われてきたその地方の叡智を生かし、自分たちの伝統に誇りを持ちながら、伝統を生かし、文化を生かし、風土を生かした新しい経済を生み出していける力。そうした力を一人ひとりがつけていくことこそが、その地域の真に住民のためになる発展を支えることになるのですね。外国で成功した事例を移植するのではなく、あるいは、ある西欧的な基準を世界中に適用するのではなく、その地域にふさわしい教育のあり方、経済のあり方、その地域の人々のニーズにあった教育、経済、文化を発展させること、それこそが、もっとも肝要なことなのです。そして、こうして生み出された多様な実践を相互参照することにより、地域にあった実践が次々と新しく生み出されていくことが今何よりも必要とされているのです。

ホリスティック教育とは、思考・感情・意志の包括的な教育を目指すものですが教育と伝統・文化・生活とのつながりはまさに、抽象的な一般化され標準化された知識ではなく、思考・感情・意志に働きかける生きた知識を与えることとなり、生きる自信と創造性を養うことになります。こうした人材養成がその地域に固有の経済の発展を支える大きな力となり、そのサイクルがいい方向に循環していくこと。このイメージこそが、これからの教育開発のあり方を支える21世紀の視点にほかならないのです。こうした地域中心の発想から、地域通貨や地域の助け合いの経済の仕組みがさまざまに工夫され、「上からのグローバリズム」ではない「下からのグローバリズム」、ガイアとしての地球を守る真のグローバリズムが可能になることでしょう。

引用文献

（1）湯本浩之（２００３）「日本における『開発教育』の展開」江原裕美編『内発的発展と教育』新評論、２８１−２８２頁

持続可能《サステイナブル》な教育社会の方へ

—新自由主義の教育改革とどう向き合うか—

菊地　栄治

〈持続可能性〉（sustainability）。この言葉には、二つの意味が込められている。

一つは、論者が思い描く利害／関心に照らして、「状況が破綻していないこと（継続できること）」である（「浅い持続可能性」）。いわば消極的・断片的な用法である。最近では、政治家の口からも「持続可能性」という流行語が吐き出される。「持続可能な経済のためには増税もやむなし」といった具合に…。突き詰めると、国家が持続可能であるためには、小さくされた者を搾取したり生命を奪ったりすることさえ免罪されることにもなる。国益の維持・増進と自己責任の目標／理念が巧妙に結びつけられる。

もう一つは、「支持するに値する」（sustain-able）という意味である（「深い持続可能性」）。単に続けばよいというものではなく、「ほんとうに価値ある姿（尊敬に値するありよう）」であるかどうかを一人ひとりが批判的・反省的に見定めることが求められる。進みゆく方向の正統性そのものが問われることになる。貨幣や権力という社会的メ

○きくち　えいじ
1962 年愛媛県の山村生まれ。早稲田大学教員。公立高校から民間の学び舎まで、ホンモノの試みに学ばせていただき、及ばずながら応援させていただいている。著書に『進化する高校 深化する学び』（編著）など。

ディアの奴隷になっている人間社会の「いま」を問い返し、「社会的なるもの」の呪縛からいったん逃れ出て、いま一度〈いのちの次元〉に立ち返ろうと覚悟することにほかならない[1]。

とはいえ、この覚悟を共有していくことはそれほどたやすいことではない。一人ひとりの意識や心がけの問題として片づけられないほどに、「深い持続可能性」を阻害する社会的な力が私たちの生活を構造的に縛っているからである。教育システムが制度として媒介することで、「中立性」を装いながら人々の意識と行動に浸透している。「浅い持続可能性」を性急に追い求めるほど、「深い持続可能性」は逃げ水のごとく遠ざかっていく。結局、未来の世代に問題を先送りし、小さくされた者に押しつけていることが露わになる。なぜなら、「浅い持続可能性」は、自らのありようそれ自体を徹底的に問うことをしないからである。「持続可能性」を語れば語るほど自己矛盾をきたすことになる。「持続可能性」を謳う者自身の家庭生活や仕事の進め方がおよそ持続可能でなかったり、あるいは、孤立した現実逃避であったりする。これは当人の思慮が足りないからではなく、実践そのものがシステムの一部になっていることを見落としているからである。いくら語っても大衆に届かず、既成の教育社会もしかるべき〈ゆらぎ〉を経験しない。なぜこのような教育社会をつくり出してきたのかを根源的に批判／反省することのないまま、どれほど麗しい言説で飾り立てても期待される結果をもたらさない。それは、システム化された問題に本格的に踏み込むことができていないからである。その意味では、「持続可能性」というテーマは、理想論として語られがちな「ホリスティック教育」なるものが、「ホリスティックな教育社会」という次元に自ら漕ぎ出し、鍛えられていくひとつの重要なきっかけとなるものである。残念ながら、筆者にこの課題を明晰に語りきるほどの準備ができているわけではない。したがって、以下の議論は雑ぱくで思いつき的な議論にとどまらざるを得ない。まずもってこの点をご容赦いただきたい。

1　現代の教育社会を読み解く

(1)　グローバル化する経済と学力競争

「学力論争」の根っこと数量崇拝

いま私たちの社会がさらされている最も大きな力とは何か？　それは経済の徹底したグローバル化である。かつてないスピードで、モノも貨幣も労働力も情報も国境を自在に越えていく。保護主義的な経済政策は、「国際協調」（実質的にはアメリカ化）という殺し文句に対置され、「時代遅れの守旧派」の戯言という印象を人々に与える。ドル建ての経済社会に適応するためには、時間を要するスローな活動は、手軽に貨幣を調達できるスピーディーな産業の犠牲にされる。改革の内実が特定資本への隷属や経済支配の貫徹であっても、飽くなき国家間競争から降りることは国力の低下をもたらすとみなされる。しかも市場原理の適用が、教育の世界にも浸透しつつある。「国益」を優先するならば、教育はつまるところ経済価値に一元化され、剰余価値を蓄積していく手段でしかない。市場はすぐさまシビアな答えを出し、スピードを緩めるなどという選択は想像さえできない。そうすれば「国益」に反する事態が生じると想定されるからである。ここでは、大衆とエリートの利益が少なくとも意識の面で対立的に見えない点がポイントになる。分断された大衆にも経済的な関心が染み渡っている。右肩下がりの経済状況下においては、危機感はますます煽られていく。狭められた視野のもと、萎縮した教育が自己増殖している。

1990年代の後半以降に展開された「学力論争」は、経済社会の文脈で読み解くことができる。[2]まずもって、経済学と物理学という近代科学を象徴する応用科学の危機として語られたことは、決して偶然ではあるまい。この地下水脈に、従前から語られた「浅い学力」を志向する人々が相乗りしていった。社会学者はこれに格差問題を付け加えていったが、経済格差の構造的な問題には目を向けず、古びた機会平等論に終始することになった。「こんな社会がまっとうな社会なのだろうか?」という本来社会学が向き合うべき問いはすっぽりと抜け落ち、ある種の機械論に陥っていった。既存のドミナントな社会像＝物語に適応させていくことにしか関心が払われないとすれば、論争が旧態依然とした学力論に回収されていくのは必然的な成り行きであった。振り子の揺れ戻しどころではなく、「学力低下論」はオルタナティブさえも見失わせる「意図せざる結果」をもたらしたといってよい。さらに、学力テストの流行が子どもたちの時間を奪い、ＰＩＳＡショックなども手伝って、間口が狭く寸法の短い議論が展開されていく。想像力も枯渇し学ぶ意欲も乏しい大人たちによって…。数量化・文書化することで見えなくなってしまう「何か」に気づくこともなく、数量や文字自体が崇められていく。いびつなフェティシズムである。

しかも、そこにあるものは例外なく「強さへの憧憬」である。これに「スピード感」への飽くなき欲望が織り込まれる。「短い時間で速く、そして強く…」というのは、刻一刻と変化する株価の変動を予測し（あるときには大量の売買で市場をコントロールし）、利ざやで富を稼ぎ出す新しい「産業」（シンボル操作を中心とする業務）の性質と見事に符合する。身体性への想像力などとは無縁である。「速さ」「強さ」「わかりやすさ」を求める心性は、とくに映像メディアによって煽られていく。一握りの虚構の生き方に、多くの人々が小さな欲望を満たそうとする相似の構造がある。他方では、「弱さ（遅さ）に耐えこれを受け止める力」はどんどん削ぎ落とされていく。いつしか「抵抗の言葉」を聴き取ることさえできなくなる。

経済のロジックに支配される教育　―経済成長神話の中で―

高度成長であれ、安定成長であれ、経済が成長し続けなければ私たちの社会は倒れてしまう、そんなイメージがまことしやかに語られる。しかし、ほんとうにそうだろうか?　そもそも、経済成長と比例して私たちはほんとうに「幸せ」をつかんでいるのだろうか？　終身雇用などの日本的な雇用慣行が成り立ち、右肩上がりの経済成長が望めていた時代はまだ「経済成長＝幸せ」の法則の不確かさに多くの人たちは気づいていなかったのかもしれない。どれほど他国を搾取していようが、私たちの社会はおしなべてそのことにあまりにも無頓着であった。

しかし、実際には、経済成長は一定程度の臨界点を過ぎれば、それ自体が幸福度を増進させる充分条件とはならない。このことに多くの経済学者が気づき始めている。[3]　これは、ＧＤＰに人々のさまざまな不幸がマイナスの価値として算入されていないという仕掛けからすれば、当然の帰結である。とりわけ、東アジア、なかでも日本は経済的な達成に比して、幸福度はきわめて低いままである。[4]　不幸の原因が個人に帰され、個人的な病理として処理される社会であればあるほど、このギャップは大きくなる。しかも、幸福や生活の質（ＱＯＬ）がまるで社会的に追い求めるべきゴールではないかのように、この国では尊重されていない。「未来のための現在」という強固な意識にもとづく「目的への疎外」が、人々の意識面での「飢え」を産み出しているようにもみえる。

それでもなお、経済成長をストップさせることが最大の危機として認識されている。じじつ、教育にも経済界からの関心が過剰に注がれ、各種審議会などでの発言力と影響力をますます大きくしている。[5]　教育が経済のロジックに埋没してしまっているのである。この傾向は、高度経済成長期以降強まってきたが、近年一層顕著になってきており、前述の数量信仰などとも共振している。

(2)　新保守主義と見えないカリキュラム

市場原理に則って競争をあおっていく動きは、個人（＝消費者）を分断し、強者と弱者を切り分けるように機能していく。このときに、グローバル化した経済に起因する一種の社会的アノミー状況を正当化し、新自由主義のほころびを見えにくくするのが新保守主義のイデオロギーである。

日本の場合には、国家に帰属する個人という捉え方がますます顕著になってきている。典型的には、教育基本法の「改正」プランがある。改革案を一瞥すれば明らかなように、国家が個人をダイレクトに統制するという特殊な関係様式が基調をなしている。公共という名のもとに、国家が私的領域まで侵犯しようとしているばかりか、個人の内心にまで「自発的な服従」という名の強制の手をまさぐり入れようとしている。そこで描かれる国家は、例外なく単色で一枚岩である。さらに、本来は行政を国民がコントロールするための法律さえもが、個人を監視し、内面にまで入り込んでいくことを促す統制手段とされていく。経済的な格差生成にともなう不都合を個人の不出来の問題にすり替えるという倒錯した状況がいままさに生み出されようとしている。

こうした改革は、福祉国家の翳りと背中合わせである。つまり、豊かな社会の経済危機（財政悪化）と「小さな政府」への社会的要請が、国家と個人の関係をますます歪んだものにしていく。物わかりの良い従順な国民が理想化されていき、「経済社会のオルタナティブなどあり得ない」という諦めを広めていく。この点にこそ、新自由主義の改革が新保守主義と連動しなければならない理由がある。その際、経済ナショナリズムを軸とする単純思考が、両者をつなぎ合わせる役割を担っている。

大人たちの思考停止と操作主義の蔓延

ときに青少年のありようを憂える言葉が垂れ流されるが、じつは、大人たちの思考停止状態の方がはるかに深刻である。「私たちの選択しうる国家像はただひとつなのか」という地点に思いをはせず、国家やメディアが提示する二項対立の設定をそのままうのみにさせられる。もうひとつの物語が思い浮かばぬまま、言葉それ自体が消費されていく。

その中で、一貫して強くなっているのは、操作主義の思想である。モノをあてがうことで、人間が変わっていくという幻想がふりまかれていく。自分たちのあり方を問わないのであるから、この思考は既得権益にすがる強者にますます浸透していく。さらに、失敗を個人に帰す傾向は、弱者さえも自らの非として受け容れざるを得ないような心理的な基盤をつくり上げていく。

原子化し、相互監視させ、統合し、機械にする…　―したたかな〈近代〉―

新自由主義と新保守主義の蜜月によって、さまざまな問題事象を関係や場の関数としてとらえる機会が奪われる。その代わり、「できる／できない」という単純化された尺度の中に個人を位置づけ、しかも個人の側もこれを自発的に引き受けていく空気がつくられる。さらに、他者を意識しながら相互監視する社会をつくりだすことがミソである。バラバラにしつつ、擬似的に統合していく。その過程で人間はまるで機械のような存在として位置づけられるのである。ナショナリズムと結びつくことで、この機械論的な世界観は根深く人々に定着し、そのことがナショナリズムの問題性を問わない思考停止をもたらし、かつ、そこから養分を得ていくのである。しかも、この動きは、グローバル化した経済から降りることなどできないという「合い口」をつきつけ、人々の恐怖と不安を駆り立て諦めを促していくのである。

二項対立と抽象的な正義の問題　―失われる「深さ」―

以上の点は、人々の意識に問題として上りにくい。なぜなら、さまざまな抽象的な正義として提示されることによって、なんとなく納得させられてしまうからである。正義の相対的な性格については、想定することさえ難しくさせられる。しかも、単純で断定的なキャッチフレーズで語られることで、疑問をもつことさえ躊躇されるようになっていく。とりわけ、映像メディアを通して語られることで効果は倍増する。議論がどれだけ論理的でなくても…である。つまり、対話型コミュニケーションではなく、まったく無反省で一方的な意味解釈が単純な言葉として投げかけられていく。「○○力」という実体論的で威勢のよい語りが、教育書の売り上げを左右することはよく知られた事実である。自他の関係をふりかえりつつ対話を行う世界が失われていくのである。

(3)　組織と人間関係の変質　―ミクロな下支え―

これらの動きを支えているのが、中間的なあるいはミクロな関係の変質である。企業別組合制度が市民の幅広い連帯を突き崩してきた点が日本の歴史的な禍根としてある。結局のところ、組織の生き残りという目標の下に、働く人々の暮らしが秩序立てられていく。とりわけ、１９９０年代以降は、労働者の孤立化が著しく、非正規雇用の増加もこれに拍車をかけている。しかも、高度産業社会の中で、コミュニケーションは具体的なリアリティを欠き、なかでも異世代・異世帯の連帯はまったくもってお粗末なものとなっているのである。たとえば、中高年高学歴ホワイトカラーとフリーターがまったく対照的に処遇されることでフリーター問題が道徳的に問われてしまう事実をみればよい(6)。

とくに、目に見える即効性にこだわる姿は、ここでも特徴的である。たとえば、最近の人事評価法のトレンドにも表れている。見えないものに対して自らをふりかえっていく姿がどこかに消し去られ、人間が勝手に設定する数値や文字への従属が起こり、しかもそれらのシンボルを媒介させることによって、どのような冷酷な対処も「仕方のないこと」とされる。まるで、最新兵器による一方的な攻撃にみられるように、弱さの体温は伝わらないままである。人間であることがたやすく忘れ去られる時代状況がある。

以上、ごく大まかに現代社会の輪郭を描いてみたが、いま最も欠け落ちていることは何か？　それは、間違いなく、「聴くこと」である。臨床ということの根本的な意味が忘れ去られている。他者や自己を機械とするのではなく、声にならない声を聴くと言うこと。弱さが虐げられている社会においては、声を振り絞ることもできなくなっていくのが常である。なぜなら、「強くなければいけない…」という空気が人々を支配するからである。この「聴くこと」の決定的な欠落が、まさに、教師の世界にも起こっているのではないか。本稿では、持続可能性を公教育の中で実現していくひとつの鍵を握る（持続的にかかわる）当事者の一方である教師の「いま」を捉え直してみる。

2　変動する社会の中の教師

(1)　縮小する社会と消費社会の中の教師たち

外部社会の変化と教育の専門職性の変質

まずもって、指摘しなければならないことは、「努力すれば何かが得られる」という物語が大きく変化してきたことである。不確実性の時代に、終身雇用・年功序列の人事制度の変化が暗い影を落としてきた。しかも、学歴のそれ自体の機能的価値は大幅に低下しながらも、「降りないための保証」としての機能を相変わらず有している。しがみつく保護者とどうの昔に諦めている保護者に二極化し、子どもの生活環境の分極化がこれに重なり合っている。特定層の若年層の不安定な雇用や非正規雇用の拡大は、たしかさの物語を教室から分断した形で奪っている。しがみつく保護者とどうの昔に諦めている保護者に二極化し、子どもの生活環境の分極化がこれに重なり合っている。特定層の子どもを集めるという私立小・中学校的な動きに都市部を中心とする保護者たちが呼応して血道を上げる。教育関係者・行政関係者もしかりである。その結果として、公立学校の学校選択制が正当化され、さらに、少数の「選択されない」学校が義務教育段階でも構造的につくられていく。と同時に、地域との切り離しがますます進展していく。消費社会の「小欲第一主義」は、教師に対するまなざしや教職のありようそのものを揺るがしていく。加えて、それが公立学校の責任放棄という批判をもたらし、学校に行くことがデパートでモノを買うような営みと同等になっていく。（たとえ理不尽であっても）クレーム・メーカーもあちこちで気勢を上げ、教育という場を支えるために欠かせない豊かな関係が変質させられていく。(7)

聖職者と労働者という教師イメージの狭間で、教育の質を教師の地位とともに向上させてきた「専門職像」は大きく崩れ変質していく。新自由主義的な改革の進展とともに、教師は労働の質を大きく変えていくことになる。つまり、「教師の指導力低下」という物言いは、いわば新自由主義の教育改革の自作自演の、あるいはマッチポンプ的な現象の表れである。

財政状況の悪化と官僚制化　―形式主義のコスト―

「小さな政府」をめざした動きは、この傾向に拍車をかける。改革論者は新自由主義的教育改革が「効率的」だと言うが、私は、二重の意味で非効率をもたらすと考える。目先の私的利益にのみとらわれる現代社会の風潮がこれを正当化しているにすぎない。

一つは、市場原理に委ねること自体の非効率性である。「小さな政府をめざし、地方でできることは地方で、民間でできることは民間で…」というロジックで、国が背負わねばならない責任の放棄が堂々とまかり通っていく。周知のように、わが国の教育費はいずれの校種ともにＯＥＣＤ加盟国の中でも最低水準にある。(8)学級定数の改善も少人数学級によるものにとどまっている。本当に無駄をなくすべきところと充実させるべきところを峻別する政策決定の肌理を欠いているのである。この集権的なメンタリティにまったく手をつけないままなされる改革は実効性を伴わないばかりか、既得権益をもつ者に都合がよい。さらには、競争による「育ち合う空間」の脆弱化という事態が起こる。つまり、短期的にはコスト・カットに成功したようにみえても、長期的、あるいは未来世代との関連で言えば大きなツケを回しかねないのである。

もう一つの非効率は、形式主義のさらなる増殖による非効率である。形式主義にノーと言えない構造そのものがきわめて問題である。「国民への説明責任」の名の下に、ほんとうに無駄な仕事を増やし、本来教師が学び舎を豊かにするために注ぐべきエネルギーを奪い取っている。このことは、すでに長い間言われてきたことであるが、これまでと異なるのは、「生徒とのかかわり」という点でのエネルギーとのトレード・オフ関係が生じてしまっていることである。力のある教師や校長らも隠れた不満を抱えるにいたっている(9)。いま一つ重要なのは、学校組織や教師同士の関係のありように対する影響であろう。

(2)　断片化・垂直化される学校組織と教師集団　―リフレクション・システムの不在―

目標と手段の断絶　―ライン化する仕事―

これらの結果生じているのが、目標と手段の分離という事態である。スモール・サイズをめざして教育条件を改善することを怠り、教師を機械にするような政策誘導を加速させてきた。最も憂うべきことの一つは、「経済と政治による教育の乗っ取り」の問題性を覆い隠す陳腐な「経営」という発想である。このところ強調されているのは、教師の人事管理に目標管理システムを導入することであり、結果として校長をトップとする学校組織の階層化と意思決定の一元化が推進される。評価のまなざしは一方向的なものになり、同僚（ピア）による正当な評価を無力化していく。ときに権威主義的な教師を増殖させ、いわば職場の雰囲気を硬直したものに変えていく。さらに、困難さが増せば増すほど、教師は状況対処型の戦略を採ることでなんとか適応しようとする。こうして、皮肉なことに改革はまんまと「成功」する。中央が定めたことを「あうん」の呼吸で読み取り、最終的には校長が決定権を持つ組織が組立ラインのように動いていくのである。これに保護者のまなざしが加わることでシステムは盤石になる。市場社会・消費社会に踊らされる中で、小さくされた者との関係を問い直しつつ問題を共有化していくことがますます難しくなる。すばやく表面的な対応をすることを求められることで、教師もまた慢性的な思考停止の状態に陥っていく危険性を孕む。わが国の場合、とくに官僚制がいきわたることによって教育空間を余計に歪めていく。この点は、今次の教員評価改革が一般公務員の評価システムへの追随として実施されたという経緯に端的に表れている。

多忙化する教師と感情労働　―組織の構造的脆さ―

こうした動向の中で、教師の多忙化と無力化は、臨界点に達しつつある。とりわけ、地域的にしんどい中学校の状況は深刻である。消費社会の中で私事化する生徒文化の特質をふまえれば、これらの条件が好転する可能性は乏しい。学校選択制は、こうした状況で選択された政策的対応でもある。しかしながら、性急に「学校の特色化」が求められるなら、公教育の積極的な意義が切り捨てられていく。過度な一般化はできないが、この困難さの共有がなければ、つまり公教育としての責任ある受け止めやサポートがなければ、「この学校は…」という風評をますます助長する。結果として、場としての育ち合う力をどんどん失っていくか、表面的な良好さを装っていくかどちらかにとどまることになる。

教育基盤を担保しないまま視野を狭くさせられることで、学校の大切なもの、つまりほんとうに時間のかかること、しんどさと丁寧に向き合うことはますます遠ざけられていく。ここに、新自由主義の教育改革の根本的な限界がある。教師のバーンアウトのみならず、学校のありようも大きな影響を受け、「深い持続可能性」とはほど遠い現実をつくりだす。

マッチョな教員社会の翳り　―魅力のないキャリア……―

気になるのは、困難な状況をできるだけ排除し、すっきりと問題のない生徒を受け入れることが特色ある学校づくりの「成功」した姿であると誤解されるようになっているということである。新自由主義の教育改革は、これに拍車をかけるものである。

現代の教育改革の状況に対して、四つの対応図式が浮かび上がってくる。(10) 第一に、操作主義的でマッチョな対応である。これらは男性教師に特徴的であり、丁寧なかかわりよりも教科を中心とした教師サイドの知識体系にもとづく生徒への一方向的な実践と評価が優先される。第二に、これらを丁寧に受け止めつつ、より豊かな関係に変容させていくまなざしとかかわりがある。状況を鵜呑みにせず独自の対応をするスタンスとして、教師が学び合う余地が残される。第三に、同じしんどさに直面する中で、学校が担う役割をスリム化をすることで乗り越えようとする構えがみられる。結果としては、生徒のエンパワメントにはつながらない。第四に、若い教師に多くみられるような薄いかかわりであり、現実逃避的な動きでもある。とくに自信を失った姿が顕著である。

これらの中で、現在の流れは、第一のマッチョな動きに連なっている。「できる」ということを基点にしながらことにあたっていくのである。このことの帰結は、場としての学びの空間の弱体化である。しかも、教師にとってのキャリアが魅力のないものに映ってしまっている点はきわめて深刻である。男性中心主義的な働き方と組織のありようが、バランスを欠いた組織を生み出しているのである。ねばり強く関係をつくっていくという点で歪んだものになっており、明らかにジェンダーのバイアスを孕んでいる。

3　二つの自己生成・社会モデルと知の再構築

(1)　自己生成／関係変容／社会変革を貫くモデルとは…

現代社会における教師について語る上でも、「深い持続可能性」という視点を忘れてはならない。〈いのち〉のつながりの外側で暴走しないことであり、人間の勝手なルールをも相対化できるような柔らかさをあわせ持っていること…。持続可能な成長とか発展などというのではなく、まさに、人間の限界性をきちんと中心に据えている社会こそが念頭に置かれる。その限界性のひとつの象徴が、自身の中に住まう「子ども」ではないかと思う。さしあたり、自分で生まれることさえできず、自分で呼吸を止めることさえできない人間の限界性をまずもってリアルに生きているのは、「弱さ」と切実に向き合っている者たちではないか？　たとえば、「子ども」もその典型であるが、私たちは、「子ども」から完全に離床し、慢心することを大人になることと読み違えてはいないだろうか？　この慢心へと誘う（想定通りの）変化を私たちは「成長」と呼んでいるのではないだろうか。経済システムで言えば、「発展」という言葉に近似している。「深い持続可能性」を台無しにする根っこには、この世界観が横たわっている。

直線・原子モデル→絶えざる競争／負の克服・排除／偏った成長（脱身体性）

その意味で、近代のさまざまな世界観は、おそらく、図1のような線形モデルを前提としているのだろう。直線の一本一本が、個人の内部に立てられていく。整然と右肩上がりに…。社会についても人間についても同様である。この「強くするプロセス」を教育とか発展とか呼び、その是非をまさに線形思考で論じ、対応を企ててきたのではないか。しかも、この一本一本が重なる可能性はきわめて少ない（線は、個人でもあり国家にもあてはまる）。共

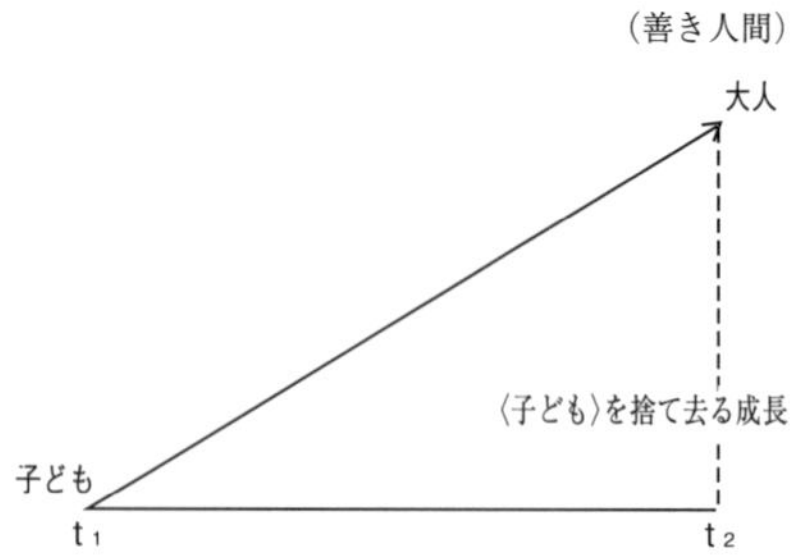

直線・原子モデル
図１　成長（発展）の近代モデル

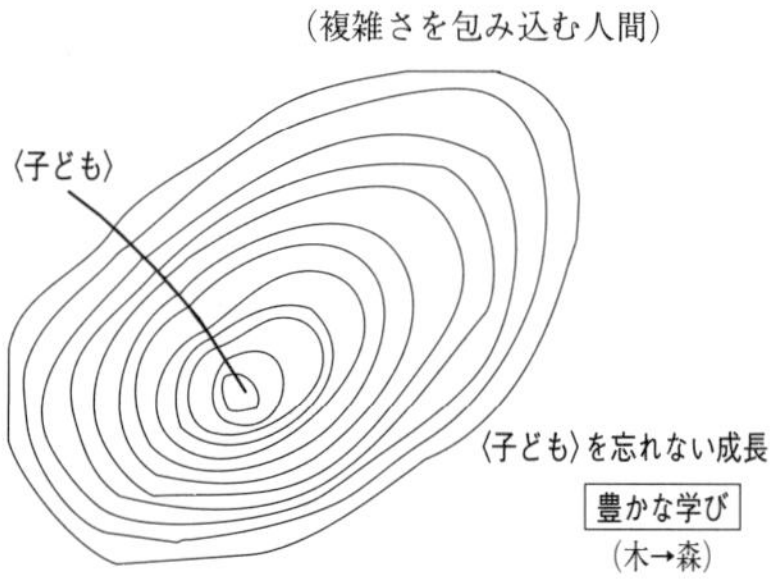

年輪・協働モデル
図２　成長（発展）のホリスティックなモデル

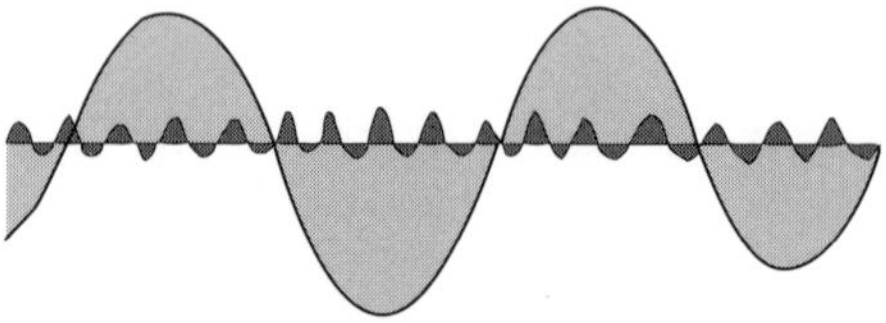

図３　学びの振幅と周波数（雑駁なイメージ）

振することがあっても、それは成長（発展）の成功と失敗という診断とその原因究明をめぐるものでしかない。孤独なる競争は、この図式に則るとき効果的に進められる。そして、「負」や「闇」は排除され、克服されるときにのみ物語に再度組み入れられていくのである。悲しさは忘れ去られ、振幅が小さく周波数の短い波のように、淡々と線形が刻まれていく。ゴールまで走ることを「あちら側から」想定されているのである。しかも、この線形モデルは経済ナショナリズムと結びつくことで、個々の小さな声やきしみをかき消していく。

年輪・協働モデル→包み込む関係／負の包摂／引き出しの充実（受苦）

それに対して、持続可能な教育社会につながる実践は、「子ども」を忘れない学びである。子どもにしろ、社会的にネガとして捉えられているものにしろ、それを包み込みながら、まるで年輪を重ねるように育ちゆく（図2）。やがて朽ちゆくことも育ちの一部である。年輪の間隔も年ごとに違っているし、北側と南側の違いもある。そして、この年輪の幅をいちいち気にする必要もない。ただ、そこにあることに意味があり、「役立つ」かどうかで測定されない。

さらに、もしこの年輪が立体的に構成されているとすれば、その分厚さこそが痛みを分かつための条件となる。人間を忘れたスピードにブレーキをかけるには、重なり合う部分がどれほどあるかが鍵を握る。垂直的な波の例で言えば、このモデルでは振幅は大きく、周波数は長くゆったりしている。その条件を満たす限り、悲しみや痛みも互いに深く重ねることができる（図3）。

持続可能性への肥やしとしての知の再構築

「深い持続可能性」をもたらすには、人と社会のつくり方そのものをまるごと深さとつながりの方へと意識的に転換していくことが必要になる。たとえば、対抗発展や中間技術への期待は、ひとつのあり方として提案されてきたところである[11]。しかし、根源的に重要なのは、人間の限界性に合わせた教育社会をつくる方へのベクトルの転換である。教師のみならず、すべての新自由主義的改革の礼賛者が洗脳され、いわば強迫神経症的にそうせずにはいないように錯覚させられているのは線形のモデルによってそそのかされているからである。経済に偏って枠づけられた「社会的なるもの」がこれに拍車をかける。とはいえ、代わりの何かは、当事者が具体的に豊かさを経験することによってしか広がることはないだろう。こうした二つのモデルを立てることは、あまりにも物事を単純化して捉えることにつながるかもしれない。しかし、私たちが心を奪われている「制度」や「規範・通念」は偏った選択肢にすぎないことに気づくことがまずもって重要であると思う。じつに短い時間軸で物事を捉えることがいったいどのような人々を利することになるのか。そして、もっと大きく考えて、いったい社会のありようとして「すてきだ」と自信を持って言えるかどうか…である。

(2)　聴くこと・つながること・育ちあうことの復権　―「重ね合わせ」の底力―

この後者のモデルは、個別に独立しているわけではなく、相互に重なりながらうごめいていくことが重要である。その中で最もおろそかにされていることは、やはり「聴くこと」ではないだろうか？　このことは繰り返し指摘してきたところである。新自由主義的な教育改革や新保守主義の最大の特徴は、「聴くこと」を忘れて、違いに耐えることができなくなってしまっている点である。アングロサクソン国家を中心にこの種のイデオロギーに好意を寄せている人は、どことなくせっかちで、答えを急ぎ、しかも思想的にも深さが足りないといったら言い過ぎだろうか？　さらに、「弱さ」を基点にしていないので、互いに信頼関係を創り上げることができない。信頼関係のないところでつながりはなく、つながりのないところで場の力は働かない。もう一つは、「育ちあうこと」がじつにいい加減にされている。教育することに熱心な大人たちであふれているが、自らをリフレクティブに再構築し、その中で育ちあう人々はきわめて少ない。マッチョな社会になり始めているのは、このためであろう。

これらの時代的な趨勢に向きあいつつオルタナティブなあり方を求め続けてきた持続可能な事例のいくつかを私たちは知っている。

(3)　ホンモノの教育改革に学ぶ　―研究や行政のかかわり方を問い直す―

全国にもいくつかの心強い取り組みがあるが、大阪府松原市の学びと育ちの空間はまさに、もうひとつのあり方を公教育の枠内で大切にはぐくみ続けてきた息の長い試みとして注目される。この地に学ばせていただいて足かけ

10年になる。私自身は、この不思議な事例を線形思考に押し込める言説にまれに出会う。そのたびにがっかりさせられ、元々持っている輝きを台無しにしなければよいがと心配にもなる。とくに、小・中学校の実践を近代の知に絡め取られる危険性に自覚的でありたい。私自身も充分な語り手とは言えないが、外部社会（出口）と最も近いところにあり、地域の子どもたちの進路を架橋する高校（大阪府立松原高等学校）については、機会あるごとに紹介させていただいた(12)。

要するに、注目すべきは線形の達成ではない。もっと質的なものであり、それはリアルな現実、しんどい現実との格闘と状況の共有化によって鍛え上げられた教師たちが支えてきたものである。しかも、緊張感をもって、しかし温かく教師を育ててきた地域社会の存在が大きい。

第一に、何を大切にすべきかがブレないまま育てられ、しかもそれは外部の研究者から押し頂いたものでないということである。こちらから排除せず、人と人を出会わせ、その対話と生成のプロセスの中で自分たちの言葉を鍛え、思考停止することなく考え続け、果敢に行動し続けたことが大きい。

第二に、この持続可能な試みを支えてきたのは、地域との具体的な関係である。「自分の子ども…」という狭い了見でも、さりとて親と子どもを薄っぺらにかかわらせることでよしとするのでもなく、絶妙なファシリテーターとして動いていった。当事者たち自身が動く中で鍛えられていった。

第三に、しんどさと弱さ…。あるいは、奥深いやさしさ…。このことを中心に据えることによって、具体的なつながりがつくられていったのである。（とりわけ小学校での）保護者同士の連帯は、現在の教育社会の根本的ないたらなさを私たちにそっと教えてくれる。さらに、高校段階では一般社会の具体的ないたらなさが課題として生徒の前に立ち現れる。

第四に、具体的なカリキュラムや教育方法について、「こうでなければいけない」という中央の語りとは独立する形で、豊かな学びを構築していった。この地のファシリテーター的な役割を担っている教師に出会っていつも感じるのは、まさに「修行僧」と「職人」と「一般市民」を混ぜ合わせたような不思議な人間像である。その人間像をベースに、教師という開かれた専門職が乗っかっているというイメージである。

第五に、教育行政サイドの徹底的な支援的スタンスがある。これは逆に言えば、学校現場がそれだけ底力をつけているということである。さらに言えば、その底力をなるべく奪わず育てるというスタンスが教育行政サイドに求められる。そこから好ましい循環が始まるのである。

(4) 信頼をベースにした教育社会の経済合理性と政治的成熟　―愉しさと豊かさの伝播―

以上にみたように、教師の指導力云々という陳腐な言説ではすくい取れないほどに、現実の教育社会は複雑さと困難さを増している。スピードを求める社会情勢は、このことを立ち止まって考えることさえいぶかしくさせる。組織維持のために、どうなるかもわからない改革に駆り立てられていることも多い。走らされることが日常であり、私たちもその加害者でもある。しかし、いま一度、立ち止まってみる必要がある。間合いや遊びがないところに新しい風はそよいではいかない。「役に立つ」かどうかを超えて、そのこと自体に価値があるとみなすべきだろう。少なくとも、子どもたち、とりわけ小さくされている者の声が耳に入ってくる環境を私たちは意識してつくっていく必要がある。

学校などの公共空間をベースに、狂奔する社会に対してポジティブなもうひとつの物語を具体的に体感できるような草の根の試みをそっと、しかし確実に応援し続けたいものである。しっかりした思想と具体的な運動に裏打ちされた研究・実践を一人ひとりがじっくりと進めていくことによってしか現実は変わらないだろう。その一方で、私たちがいかに持続可能でない教育社会に荷担する可能性をもっているかを自覚し、構造的な力を骨抜きにする方へ意図的に動いていくことも必要である。道は平坦であるはずはないし、小ぎれいであるはずもない。なぜなら、いまのいままでこの趨勢に大きな歯止めをかけられなかったのが私たち大人社会なのだから…。この現実を自分に引きつけながら厳しく受け止めていかなければならない。その先にかろうじて希望の光を見いだしていきたいものである。

注

（1）ハンナ・アレント（1958）（1994）『人間の条件』志水速雄訳、ちくま学芸文庫。具体的な出口は見えないが、「社会的なるもの」を相対化しつつ公共性を深く捉え直す重要なヒントを与えている。

（2）「学力論争」については以下の文献に詳しい。「中央公論」編集部・中井浩一（2001）『論争・学力崩壊』中央公論新社。

（3）クライヴ・ハミルトン（2004）（2005）『経済成長神話からの脱却』嶋田洋一訳、アスペクト、など。

（4）この種の質問紙調査データは解釈に慎重さを要するが、ひとつの参考資料として、http://www2.eur.nl/fsw/research/happiness/hap_nat/findingreports/RanlReport2004-1c.htm.参照。

（5）たとえば、斎藤貴男（2004）『教育改革と新自由主義』寺子屋新書。

（6）玄田有史（2001）『仕事の中の曖昧な不安』中央公論新社、など。

（7）藤田英典（2005）『義務教育を問いなおす』ちくま新書、に詳しい。

（8）経済協力開発機構（2004）『図表でみる教育』明石書店、など。

（9）科学研究費報告書（2004）『ホリスティックな教育改革の実践と構造に関する総合的研究（最終報告書）』（研究代表者　菊地栄治）、2004年3月、40頁。

（10）同書、36–40頁。

（11）それぞれについては、C・ダグラス・ラミス（2000）『経済成長がなければ私たちは豊かになれないのだろうか』平凡社、E・F・シューマッハー（1973）（1986）『スモール イズ ビューティフル』小島慶三・酒井懋訳、講談社学術文庫、を参照。

（12）菊地栄治編（2000）『進化する高校　深化する学び』学事出版。

日本ホリスティック教育協会のご案内

●日本ホリスティック教育協会とは

ホリスティックな教育に関心をもつ人たちが学びあうネットワークとして、1997年6月1日に設立されました。学校教育関係者はもちろん、親や市民、カウンセラーや研究者など幅広い多様な足場をもつ人たちが、情報を提供しあい、相互に交流し、対話をすすめています。それを通じて、広くホリスティックな教育文化の創造に寄与したいと願っています。

●主な活動

1. 隔月ニュースレター、年刊単行本（ホリスティック教育ライブラリー）、研究紀要、その他の刊行物の発行と配付。インターネットの活用（ホームページ）。
2. ホリスティックな教育実践の促進と支援、及びその交流。
3. 講演会、ワークショップ等の開催。
4. 国内外の関連諸学会・協会等との連携および協力。
5. その他、本会の目的達成に必要な事業。

●入会案内（詳細は下記ホームページでご覧いただけます）

区　分	会　費	配　布　物
学生会員	4,000円	ニュースレター６回・年刊単行本１回
一般会員	6,000円	ニュースレター６回・年刊単行本１回
研究会員	10,000円	ニュースレター６回・年刊単行本１回・研究紀要１回

＊入会を希望される方は、会員区分を明記の上、郵便局の下記口座に会費をお振り込みください。受領証が必要な方は事務局までご連絡ください。

＊会員資格は４月から翌年３月までを１年度とする期間です。原則として年度途中の入会でも、当年度４月からの配付物が受け取れます。

郵便局の振替口座番号　00290-3-29735
口座名　日本ホリスティック教育協会

日本ホリスティック教育協会　事務局
〒603-8577　京都市北区等持院北町56-1　立命館大学文学部　中川吉晴研究室内
TEL FAX：075-466-3231
URL：http://www.holistic-edu.org/　E-mail：mail@holistic-edu.org

編　者

吉田　敦彦（よしだ　あつひこ）
日本ホリスティック教育協会代表。
大阪府立大学人間社会学部教員。

永田　佳之（ながた　よしゆき）
日本ホリスティック教育協会運営委員。
国立教育政策研究所総括研究官。

菊地　栄治（きくち　えいじ）
日本ホリスティック教育協会運営委員。
早稲田大学教育・総合科学学術院教員。

装　　丁／濱崎　実幸
作　　図／大山　記糸夫
編集協力／児玉　真由美
編　　集／山崎　朝

持続可能な教育社会をつくる　－環境・開発・スピリチュアリティ－

2006年3月31日　第1刷発行
定　価　1800円（本体1714円＋消費税）
編　者　日本ホリスティック教育協会
発行者　山崎亮一
発行所　せせらぎ出版
〒530-0043　大阪市北区天満2-1-19　高島ビル2階
TEL. 06-6357-6916　FAX. 06-6357-9279
郵便振替　00950-7-319527
印刷・製本所　亜細亜印刷株式会社

 ISBN4-88416-154-8
"Creating an educational society for sustainability: Environment, Development and Sprituality" Ed. by Japan Holistic Education Society.
Atsuhiko YOSHIDA, Yoshiyuki NAGATA, Eiji KIKUCHI,

せせらぎ出版ホームページ　http://www.seseragi-s.com
メール　info@seseragi-s.com